AF239848

Rolf Friedrich Schuett

Fürchte den, der dich fürchtet

Possen und ein Jahrhundert Dadaismus

ROLF FRIEDRICH SCHUETT

Fürchte den, der dich fürchtet

Possen und ein Jahrhundert DADA

Zwergrätsel zu Spottpreisungen

Bibliographische Information Der Deutschen Bibliothek:
Die Deutsche Bibliothek verzeichnet diese Publikation in
der Deutschen Nationalbibliographie; detaillierte bibliographische Daten sind im Internet abrufbar über
http://dnb.ddb.de

Stark erweiterte Neuauflage

Herstellung und Verlag:

BoD – Books on Demand, Norderstedt

Printed in Germany

ISBN 978-3-7597-4253-7

INHALT

FÜR ELKE IN LIEBE UND DANKBARKEIT

Dadaheim zwischen Duell und Duett

Was Naturwissenschaftler von unserem Innenleben
sagen, ist so kurios wie das, was wir vom All glauben.

Es heißt immer, das Glück sei flüchtig.
Aber nur zu bald ist es wieder hinter Gittern.

Jung verhält sich zu alt nicht mehr
wie Erstklässler zu Erstklassigkeit.

Es gibt Delikte, die sogar die Justiz nachjustieren.

Theoretiker wollen nur an keinem Tatort erwischt
werden.

Kommunikation : Selbstgespräche der IT-Branche.

Auch fremd(artigst)e Gedanken haben ein Asylrecht.

Werden Berge in Täler geworfen, entstehen Ebenen.

Treffen 200 Seiten eines Buches
auch nur die zwei Seiten einer Sache?

Weltbilder sind oft zu unrealistisch,
weil sie nicht phantastisch genug sind.

Nur Wachstum realisiert, was seine Kritiker fordern.

E-Autos herzustellen, fordert viel mehr Energie,
als Benziner verbrauchen.

Gibt es nur einen einzigen Arzt, ist er gut genug.

Auch Ungerechten kann man Unrecht tun
und auch den Teufel verleumden.

Nur der theoretische und kontemplative Zweck heiligt
die aktiven und praktischen Mittel.

Jugendwahn, nicht Unsterblichkeitsglaube,
ist die Afterlife-Krise.

Hast du dich vergangen an mir, geh nicht in mich.

Gutes entsteht auf Pump. Gezahlt wird mit Inflation.

Tiefe Gedanken entstehen nicht in hängenden Köpfen.

Jeder spielt Rollen und probt vor Premierenpublikum.

Fürchte dich nicht vor Mutigen,
aber vor deiner Feigheit.

Heute kommen die Alten ganz nach den Jungen.

Auch Abgründe hat man schon gründlich überdacht.

Eine gottlose Welt ist so beliebt, weil sie glaubt,
den Teufel los zu sein.

Literatur hilft so wenig gegen Physik und Biologie
wie Astronomie gegen Astrologie. Und umgekehrt.

Es gibt hier durchaus noch eine Zensur, doch kaum Verbietungswürdiges mehr.

Kurzgeschichten sind zu lang(weilig)e Aphorismen.

Man nimmt jetzt alles in Kauf, was Kaufkraft gibt.

Die *Umwelt* ist die moderne religiöse Hinterwelt, und ein Umweltall gibt es nicht.

Erfahrungen macht man nur in Fahrtrichtung.

Ruhe genießt heute einen schlechteren Ruf als Ruhm oder Revolution.

Muss ich deine Macht anerkennen,
um meine zu erhalten?

Übertrifft die Anzahl der Blackouts die Dunkelziffer unserer Lichtblicke?

Kein Sterbens(w)örtchen ohne Macht(w)ortwechsel!

Das Böse ist immer konkret,
das Gute bleibt verdammt abstrakt.

Schrecksekunden sind nicht Schweigeminuten,
sie werden Schweigetage voller Redeflüsse.

Gut und Böse sind heute auf Augenhöhe, Mann und
Frau auf Herz- oder Hinternhöhe, Dummkopf und
Klugscheißer auf Brillenhöhe.

Auf Zielgeraden liegen viele krumme Dinger herum.

Das Diesseits wird erhofft und gefürchtet als Jenseits
des Jenseits.

Sklaven kämpfen um freie Wahl
zwischen Tariffreiheit und Arbeitslosigkeit.

Genies : geisteswissenschaftliche Geisterfahrer.

11

Schadenfreude ist kein Urlaub von Staatstrauerarbeit.

Von sich schließt der Schlüssel auf ein Märchenschloss, nicht aber die Logik auf die Welt.

Liebe an deinen Feinden ihren Hass und Neid!

Teufel sind Herdenvieh, die Guten aber Splittergruppen wie splitterproduzierende Aphoristiker.

Kinderwunsch: Wenn ihr nicht bleibet wie die Kinder!

Der Lügner ist der Souverän. Er misst sich an keiner Wahrheit, und Handlungen haben volle Souveränität, messen sie sich nicht an Motiven und Folgen.

Trostspenden sind noch von der Vergnügungssteuer absetzbar.

Der Gang der Dinge ist nicht aufrecht und endet im Notfall mit Verfallsdatum.

Schütte nicht das Kind von Traurigkeit mit dem Bad in der Menge aus!

Praktiken sind den Theoretikern zu abgefallen, notwendige Theorien den Praktikern nur Anwendungen bloßer Redewendungen.

Heißt dein bester Freund Hein, sind deine Feinde halb so schlimm.

Entweder hast du Recht, bekommst dein Recht oder ist dir alles recht.

Was wir sind, vermögen wir nur ohne Vermögen.

Gebirge : Ins Getriebe geworfene Sandkörner.

Man verliebt sich, sobald man es nicht will, aber nicht, wenn man es durch Unwillen erreichen will.

Wer liebt, der trauert nicht der Freiheit nach. Wer einer Liebe nachtrauert, genießt nicht die Freiheit.

Was man lieben muss, das kann man verlieren – wie traurig. Was man verlieren kann, das liebt man – vertrauensvoll.

Verlierst du die geliebte Person (an Nebenbuhler oder *Freund Hein*), trauerst du dich frei für neue oder begräbst sie in deiner Totenstarre.

Den Denker macht noch nicht,
dass er sich Gedanken macht.

Von meiner Demut herab : Geld ist schlecht, weil man ohne schlechter wird als mit.

Ich weiß nicht, was ich will, will aber auch meinen unfreien Willen haben.

Liebst du den Nächsten, den du dir erschaffst?

Mancher fürchtet die Liebe, wie man aus Angst hasst.

Einmaleins ist eins und sollte mal zwei oder drei sein.

(Str)engster Pragmatismus nützt weniger
als die ausschweifendste Phantasie.

Nur Hilfsbedürftige können oft helfen,
und Gegenargumente verstärken nur die Vorurteile.

Moralisch gut scheint mir,
was ich vernünftig fordern kann.

Moderne Moral identifiziert leuchtende Vorbilder und
abschreckende Beispiele.

Am besten toleriert mich, wer mir Recht gibt.

Jeder hat das Recht, auch seine eigene Meinung nicht
zu tolerieren.

Arbeitsteilung heißt : Würden *alle* mitarbeiten, bliebe
für jeden fast nichts übrig als Arbeitslosigkeit.

Volkes Stimme ist so selten wie Regierungserklärung
Gottes Wort.

Ein Rechtsstaat ist widernatürlich, weil gegen das Naturgesetz des Stärkeren gerichtet.

Wer in Demokratien revolutionär wirken will, schreibt so, dass kein Zensor ihn verstände.

Kunstpreise zu erhalten, ist keine Kunst mehr.

Eine erdbebenverwüstete Stadt ist ein Naturdenkmal, und Poesie steht längst unter Dichtmalschutz.

Mit dem Alleinsein ist man nie so allein
wie in Gesellschaft.

Was nicht weh tut, ist langweilig oder falsch.

Man tut etwas, solange man nicht weiß, was daraus folgt oder woraus es folgt.

Meinungsfrei? Mimosen dürfte man gar nichts, Grobianen aber alles sagen, und tut das Gegenteil.

Irrationale Wegrationalisierer
gehören gehörig wegrationalisiert.

Heideggers altes Da-sein entschloss sich schließlich
zu dem Beschluss, ausschließlich Schluss zu machen
mit logischem Schließen und sich dem Aufschluss
über Offenkundiges abschließend zu verschließen.

Verantwortlich bist du nicht nur deinem Gewissen,
sondern auch unserem.

Massenware ist schlecht, Luxus ist gut? Nein,
Bosheit ist Massenware, Gutsein ist Luxus.

Wohl dem Leben, das kein Gegenstand eines guten
Romans sein könnte!

Greis an zwei Krückstöcken : *Nordic walking.*

Stell dir vor, dass du dir nichts mehr vorstellen kannst.

Man arbeitet nur daran, arbeiten zu lassen.

Ich bin mir durchaus bewusst, dass mir manches nicht bewusst ist und dass ich bewusstlos sein könnte.

Dass alles sinnlos und gleichgültig sein könnte, wäre nicht sinnloser und gleichgültiger.

Welchen Sinn hat das Universum, welchen deine Mahlzeit darin? Haben beide Fragen denselben Sinn?

Wer sich ernstnimmt und nicht nur angenehm leben will, muss sich lächerlich werden.

Um sich mir überlegen zu fühlen, genügt es, sich zu langweilen bei dem, was mich fesselt.

Wer den Kürzeren zieht, fasst sich ebenso kurz wie der, den er kurzhält.

Genommenes wird schnell "Gegebenes".

Erlassen ist das bessere Erfassen.

Aphorismen sind Umwege durch Abkürzungen,
Kulturen eher umgekehrt.

Fernsehkanalisation. Aphoristiker geben Redewendungen die notwendige Wende und fassen sich zugleich aristokratisch und plebejisch kurz.

Der Kopf reflektiert darauf, dass Augen nicht die Welt
reflektieren.

Wer nicht freuden- und warenhausbacken sein will,
wird schnell irrenhausbacken.

Gläubiger versetzen Schuldenberge – in Aufregung.

Physik wird immer metaphysischer, Philosophie immer handgreiflicher, Kunst immer anlagefreundlicher.

Hat der Ewige Wissen, Sein und Kraft so nötig wie
sein Geschöpf Dummheit, Feigheit und Ignoranz?

Menschen großziehen heißt sie kleinstoßen.

Mancher mag zu dumm sein, um Denker zu werden, doch noch zu klug, um Dichter zu werden.

Man liegt im Leben, steht im Sterben und sitzt in der Tinte. Man stellt sich lebendig, legt sich zum Schlafen und setzt mich in Positur.

Unmenschen bilden das Allzumenschliche, Über- und Untermenschen den Humanitätshumus.

Ein Vorsprung setzt sich niemals aus Fortschritten zusammen, ein Ursprung nicht aus Gleichschritten.

Wirf Schatten und fang Grillen. Wenn Große größenwahnsinnig werden, sehen sie nur ihre wahre Größe.

Mein sterblicher Kern verbirgt die unsterbliche Hülle.

Erfahrungen wollen erflogen und ersessen werden.

Der größte Buchladen : Geldläufige Schubladen.

Was die Welt im Innersten zusammenhält, ist deine Innenwelt, die mit ihr und dir zerfallen ist.

Ein Buch ist als Palimpsest zu lesen oder als Plagiat.

Du stellst dir vieles vor, was sich dir nie vorstellt.

Mittelmaßlos. Auf Erhebendes werden Steuern erhoben, Erhabenes lässt man fallen.

Tiefe Gedanken machen sich breit und verbreiten sich höchstwahrscheinlich in niederen Sphären.

Ein offenes Herz ist kein blutiger Entschließmuskel.

Aufgeklärte haben die niedrigste Dunkelziffer.

Jeder Redefluss mündet ins Tote Meer der Geldflüsse.

Lächerlich ist, wer nichts mehr zu weinen hat.

Der Mensch ist das, was er vorhat mit dem, was er vor sich hat, damit er sich hinter sich hat.

Geherrscht hat immer nur, was längst ausgedient hat.

Wo Geschichte nicht mehr zählt,
erzählt man sich Geschichten.

Geschichte ist von gestern, Obsoletes nicht historisch.

Fast keiner geht in die Ewigkeit ein,
doch fast jeder in der Ewigkeit.

Wer noch schwer auf Draht war,
ist nun drahtlos ratlos.

Er weigerte sich immer, Tieren, Pflanzen und Steine sprachlich zu bestimmen. Das kam ihm vor, als würde er Elektronen verschiedene Eigennamen geben.

Du siehst die Welt nicht mit deinen, sondern mit den Augen der Gesellschaft, die dein Ansehen ansieht.

Unser kerniger Vorwuchs leidet
an schlimmster Schalengesundheit.

Wetten, dass die Gesellschaft ein Glücksspielcasino
ist ? Freie Bahn dem tüchtigsten Würfel !

Der eine hat Glück im Spiel, dem andern glückt die
Liebe. Wer auf Zufall setzt, ersetzt Geschicklichkeit
geschickt durch Schicksal.

Der Mensch ist auch Glücksritter, der soziale Willkür
durch Gottes Würfel verdrängt.

Ich wette auf gutes Wetter morgen und zugleich, dass
ich die Wette verliere. So verliere ich zum Glück nie.

Weisheit ist die lächerliche Fähigkeit, seine Auslacher
begründet auszulachen.

Für Adorno war alles lächerlich falsch, weil nichts
seinem eigenen Begriff entspricht.

Nicht lächerlich ist nur Abstraktes, das begreift, wie lächerlich es sich vorm Konkreten macht.

Komisch wirkt Starrsinn vorm Lebendigen, aber auch Flexibilität vorm Charakter.

Analytische Denker verdrängen mit philosophischem Unsinn auch die Komik ihres pedantischen Eifers.

Mancher Charakter verrät nur,
man solle ihn nicht erraten können.

Pedanten kann man auch ziemlich pedantisch meiden.
Interesse an Forschern ist oft Neugier auf Neugierige.

Das Artensterben erreicht leider nie Esel, Kamele und Ameisen.

Schriftsteller schließen Frieden mit Papierkriegen.

Die Würfel sind gefallen. Die Unterwürfigen auch.

Agnostiker wissen viel Falsches,
da sie von Wahrheit nichts wissen wollen.

Gute Aphorismen schwanken zwischen Bosheit und
Falschheit, doch weiße Weste ist ihnen eher als weiße
Fahne ein rotes Tuch.

Demut (und Kleinmut) geht vor dem Fall.

Zeitgeist ist das gute Gewissen der Gewissenlosen.

Es ist noch kein aufrechter Müßiggang
vom Himmel(bett) gefallen.

Geist ist keine Nebenwirkung des Körpers,
doch leibliches Wohl ein Placebo des Kopfes.

Jugend macht Erfahrungen, doch nur per Anhalter.

Tut Muße ! Habermas geht zu verschwenderisch um
mit der Verknappung der Unsinnressourcen.

Wer nichts zu verteidigen hat, ist tolerant.

Jedes Leben hat ein happy end.
Irgendwann ist es zu Ende.

Gegen Unvergänglichkeit helfen nur Moden.

Kausalität : Ursachen wirken wie Nebenwirkungen,
Wirkungen wie Urursachen.

Künstler können daheim verreist sein. Sie haben die
Fähigkeit, sich zuhause wie in der Fremde zu fühlen.

Kunst ersetzt Erfolg durch Qualität,
Literatur den Film durch Phantasie.

Zuständig fühlen sich immer nur Unverantwortliche.

Hilft keine Werbung, ist es Kunst. Stümper sind zu
allem zu gebrauchen, Künstler zu nichts.

Prosa und Kontrast : *Reduktion als Produktion*

        „Maximen nach dem Sinn der Alten und solche nach dem Sinn der Jungen, Maximen der Vatertreuen und Vaterlosen, der Europäer und Orientalen, der Religiösen und Nichtreligiösen, mögen im vorschnellen Hinblick den Anschein der Willkürlichkeit aller Setzungen erwecken … Aber es ist töricht, die imperfekten Maximen nicht von der perfekten Maximenlosigkeit zu unterscheiden, die uns längst zerstört hätte." (*Hermann Wein*: „Kentaurische Philosophie", München 1968, S. 231 f.)

Bakterienkulturforum. Medizin ist das einzige Fach, das wie ein Heilmittel wirkt.

Jugendsünden : Alterserscheinungen.

Jugend macht nicht glücklich, doch Alter unglücklich.

Zum Glück fehlt mir nur noch Glück.

Ritter zeichnen sich durch den Mut ihrer Knappen aus

In vino veritas : Denker haben nur Rosinen im Kopf.

27

Heute werden Herden als Helden verehrt
und Helden als Heloten geschmäht.

Maimons Grundsatz: Bestimmungen sind unbestimm-
bar, und Bestimmbares bestimmt nichts.

Massenveranstaltungen : Menschenverunstaltungen.

Aphorismenbände mit Illustrationen
sind wie Fahrräder mit Nachtisch.

Lebenswege sind nun eher aus demselben Holz
geschnitzt wie Dienstwege als wie Feldwege.

Kleingeducktes. Die schweigende Mehrheit :
Alles quasselt durcheinander.

Sorg(en)falt(en). Eine Rechtssache ist oft eine Fehlin-
terpretation der rechten Sprache.

Die Bilderflut wurde der Bildungslückenbüßer.

Aus den vielen Worten, die der Aphorismus verliert, werden ganze Romane gemacht.

Der Irre bekämpft mit seinen Neurosen den Psychiater

Frauen verdrehen uns den Kopf, damit sie uns nicht ins Gesicht sehen müssen.

Hemmungslose sind in ihre Ungebundenheit verstrickt

Folgt blindlings den Verblendeten. Klare Gedanken lassen sich so wenig auslegen wie Standpunkte.

Auch Fußtritte bringen oft einige Schritte weiter.

Hartbitter. Bücherwürmer begegnen den Herren des Erdreichs am Ende ganz auf Augenhöhe.

Das Sprichwort macht den Satz zum S(ch)atz. Der Aphorismus kurvt zwischen nichtssagendem Gerede und bered(e)tem Schweigen.

Die Gedanken sind frei – von Hand und Fuß und Kopf

Vernetzte Spinnereien. ZuNeigungen verpflichten zum ZuFall, AbNeigungen zum AbFall.

Maschinen tun nicht nur Menschenunmögliches, sondern schon Unmenschenmögliches.

Leben kommt unter die Steuerräder, die es ansteuert.

Wer immer neu anfängt, endet auch nur einmal und nicht später.

Der Weg ist das Ziel? Der Dienstweg des Trotts ist die Zielscheibe des Spotts. Der Dienstweg zum Holzweg.

Fragen lassen sich noch verantworten, Antworten wirken schon fragwürdig.

Leben : Weitsprung ins Ich. *Religion* : Hochsprung zum Ursprung (mit Seitensprung ins Diesseits).

Bücken auf Krücken? Spring über Brücken!

Tiefpunkte : Mauern vor springenden Standpunkten.

Geurteilt wird letztlich im Namen des Namenlosen.

Formale Logik ist der Gefrierfachbereich des Kopfes.

Aufrechter Werdegarg ist am Anfang ein Lehrgang.

Wird Wahrheit nur glaubwürdig, ist der Glaube nur fragwürdig.

Wer mit dem Teufel die Binsenweisheit gefressen hat, kann den Löffel abgeben.

Denker zeigen uns die Weisheitszähne knirschend.

Cogito, ergometricus sum.

Deal. Ideal. iDeal.

Auch Zurückhaltung will lange geübt sein,
und meist muss man erst das Üben meistern.

Macht Geld weniger glücklich
als sein Fehlen unglücklich?

Lebenssinn 3.0 : All-inclusive-wellness mit maleri-
schem Blick auf Elendsviertel und Kriegsgräuel.

Wenige Junge nähren viele Alte
statt wenige Reiche viele Arme.

Masche : Man kann nur noch Maschine werden oder
Maschinist.

Six commonsenses. Erfahrung macht sicher, obwohl
Verständnis nie vollständig ist.

Machen Begriffe und Anschauungen einander klarer
oder braucht man dazu Ideen?

Du bewirkst, was dich bestimmt, und dich bewirkt, was du bestimmst.

Tu nicht forsch, was du erforschst, doch erforsche die Forschen!

Es ist Ding an sich. Wer erkennt von der Innenwelt mehr als von der Nachwelt oder Außenwelt?

Man hilft dir, wenn du das Richtige tust. Gott hilft dir, wenn du das Falsche denkst.

Du bist kein Mensch: du tust weder Gutes noch Böses.

Wer kein Arbeiter ist, war es auch nie.

Atheisten glauben, es bringe Glück,
an Gott nicht zu glauben.

Welcher Mensch denkt, dass er seine Nach- und Unterwelt lenkt?

Zwergrätsel zu Spottpreis(ung)en

„Paradox ist die Bezeichnung,
die Dummköpfe der Wahrheit geben." *(Moréas)*

Metaphysik : Sind Leiber und Geister, Festkörper und Körperschaften Metaphern füreinander?

Weltbilder und Lebensweisheiten sind paradox, trivial oder falsch.

Die Philosophie machte dem gesunden Menschenverstand eher zu viele als zu wenige Zugeständnisse.

Wer bloßes Objekt ist, wird subjektiv.
Die objektiv sind, haben Objekte und sind keine.

Höheres Bewusstsein ist nichts als vertieftes Wissen.

Man verschließt die Augen mehr vor den Untatsachen.

Wer dienert, hilft keinem.

34

In der besten aller möglichen Welten
gilt das Böse im Menschen.

Im Sozialismus waren auch die Eigenliebe und Eigenschaften volkseigen.

Gesellschaftlich kämpft man nun für den berechtigten
Desinteressenausgleich.

In vino veritas. Wer zu viel reinen Wein einschenkt,
erzeugt Alkoholiker.

Würde : Aufrechter Gang in Verfall und Niederlage.

Man hat oft höhere Beweggründe zu niederen Idealen.

Wer sich zu kurz fasst, geht oft zu weit, doch
von Geistesblitzen Erschlagene leben lustig weiter.

Selbstvertrauen ist gut, Selbstmisstrauen ist besser,
Selbstkontrolle am besten.

Gesundes Volksempfinden ist eine heile Bazille.

Wenn die Welt mal verändert ist,
will sie sich immer wieder oder nie mehr verändern.

Wer untreu wird,
kann immer noch ein dummer Hund sein.

Die wachsende Mitmenschlichkeit bedroht jeden.

Manche Gesetze verstoßen gegen mich.

Bei Juristen hat sich das Volk einen Namen gemacht.

Wo ein freier oder fester Wille ist, da ist auch ein
Dienstweg zum Holzweg des größten Widerstandes.

Glaube ans Jammertal versetzt keine Schuld(en)berge.

Zweifelsfrei ist heute fast jeder glaubensfrei.

Was nun wirklich gilt,
ist prinzipielles Gegenteil aller Prinzipien.

Geldmittel haben den Zweck, größere zu heiligen.

Realismus : platonischer Materialismus.
Altruismus : platonische Eigenliebe.
Eigenliebe : platonische Selbstbefriedigung.

Der Sesshafte kam ins Schwimmen
gegen den Flüchtlingsstrom.

Die Gesellschaft ist die Keimzelle des Narzissten.

In Wahrheit ist alles möglich, doch
in Wirklichkeit nichts notwendig,
.

Du wirst nie vergessen. (Du warst nie bekannt.)

Selbstmord beruht eher auf Gegenseitigkeit
als Selbsterkenntnis und Selbstbewusstsein.

Die Wahrheit kann man eher in Gewahrsam nehmen als wahrnehmen.

Glaubt nicht an die Gottverlassenen oder Gottlosen!

Zur Weltliteratur fehlen mir die Ohnmachtworte.

Käuflichkeit erzeugt Kaufkraft.

Wer über Witze spottet, hat auch Humor.

Arbeitslose können nicht mehr fliegen.

Mit *einem* Wort : Schweigen! Mein Wort will keine Leser verletzen, sondern nur ihr dickes Fell zeigen.

+ + +

Fragmente der Nachsokratiker in der europäischen Philosophie

Die aphoristisch unterwanderte Philosophiegeschichte Europas begann mit *Heraklits* dunklen „vorsokratischen Fragmenten" zwischen antagonistischen Spannungspolen. *Platon* war Literat und Philosoph zugleich, ein Dichter der Dialoge und Denker der Ideen. Auf ihn berief sich noch im 19. Jahrhundert der Moralist Joseph Joubert, „Platone platonior".

Platons Meisterschüler *Aristoteles* beschrieb in seiner „Rhetorik" (Kapitel II, 21) das „gnomische Enthymem" („Gnome": Erkenntnis) hinter der Affektenlehre. Der sophistische Arzt *Hippokrates* verfaßte um 400 vor Chr. erste medizinische „aphorismoi". Der pointierte Lakonismus des römischen Stoikers *Seneca* bildete in den ersten Jahrzehnten nach Christus einen Vorläufer des aphoristischen Stilideals.

Francis Bacon verteidigte zum ersten Mal gedankenexperimentelle Forschungsaphorismen ausdrücklich gegen die methodische Pedanterie scholastischer Summen-Systeme. *Montaignes* „Essais" von 1580 begründeten die europäische Moralistik i. e. S., mit vielen Apophthegmta-Zitaten aus der lateinischen Antike. *Blaise Pascals* aphoristische „Pensées" und *Balthasar Gracians* prä-aphoristisches „Handorakel der Weltklugheit" (1647) beeinflußten Larochefoucauld, den Urahn des literarischen Salon-Aphorismus von 1665, in der aristokratischen Fronde gegen den absolutistischen Hof von Versailles.

Das Werk des logischen Rationalisten *Leibniz* liegt so überfragmentiert vor wie das des logischen Mystikers Wittgenstein und spiegelt ein infinitesimal überfragmentiertes Weltbild. Seine gleichsam aphoristisch konzipierten „Monaden" (Einheiten) sind miroirs vivants, jede eine monde concentré, ein perspektivischer Kleinstspiegel des Universums aller anderen Monaden. „Monaden haben keine Fenster" zu anderen metaphysischen Aphorismen, und jede reflektiert die Konstellationen aller anderen (sozialdarwinistisch konkurrierenden) Alternativmöglichkeiten.

Seit *Lichtenberg* war der literarische mit dem philosophisch-wissenschaftlichen Aphorismus pietistisch-positivistisch verbunden.

Kants praktische Vernunft ging aus von „Maximen des Handelns", willkürlich wählbaren moralistischen Klugheitsregeln (hypothetische Imperative), die er dann einem moralischen Generalisierbarkeitstest unterwarf, ob sie auch reine Naturgesetze seien. Kants „Anthropologie in pragmatischer Hinsicht" untersuchte, bevor die Frühromantiker ihn zum „Prinzip und Organ der Universalphilosophie" erhoben, den Witz als „Assoziation heterogener Vorstellungen der Einbildungskraft" („gemeinsame Wurzel von Verstand und Sinnlichkeit"). Kant empfahl diesen Esprit als belebend gesundes und „freies Spiel aller Gemütskräfte", weil „das Paradoxon das Gemüt zur Aufmerksamkeit und Nachforschung erweckt, die oft zu Entdeckungen führt", also zu fruchtbaren Hypothesen. Gerhard Neumann sprach von einer „transzendentalen Moralistik" seit Kants großer „kopernikanischer Wende", welche zu *Fichtes* Entdeckung einer von objektiven Fakten „entfremdeten Subjektivität" (Hermann Schmitz) führte, die ohne Fichtes „Tathandlung" in die Fragmente der „romantischen Ironie" mündete. Jedes *universalpoetische* Fragment stellt eine witzige Teilsynthese dar als indirektes Symbol des unerschöpflichen Absoluten; jedes endliche Bruchstück bildet für Schlegel und Novalis eine Allegorie des unendlichen Ganzen, das anders als indirekt gar nicht zu erkennen und auszusprechen sei.

Der unromantische *Salomon Maimon* arbeitete dem frühromantischen Projekt vor, indem er schon vor Fichte, Schlegel und Novalis ein Fichte ohne „Tathandlung" war, Kants reine Ideenvernunft der Dialektik durch *transzendentale Einbildungskraft* ersetzte, den *transzendentalen Zirkel* zwischen subjektiver Bestimmung und objektiver Bestimmtheit einführte und die *absolute Abstraktion* als Emanzipation der Ideen von Kants „Ding an sich" lehrte. (Mathematische Konstruktionen der Imagination schienen ihm allerdings vollkommener als die „ästhetischen Ideen" der romantisch ausschweifenden Phantasie.)

Schon *Salomon Maimon* hatte noch vor Gottlieb Fichte in Kants Ideen der reinen Vernunft nur Vollkommenheitsideen einer Einbildungskraft gesehen, die seit Schlegel und Novalis ins „reine Schweben" der romantischen Phantasie über allen Fakten geriet. *Friedrich Hegels* System war vermutlich motiviert vom Versuch, diesen ironischen Subjektivismus der freien romantischen Fragmente ins große Ganze wiedereinzufangen, zu entschärfen und dann dialektisch zu überbieten, ohne in einen bloßen Fakten-Objektivismus zurückzufallen.

Vom frühromantischen Motiv der schrankenlos wendigen, emanzipierten Subjektivität zehrten noch *Schopenhauers* „Aphorismen zur Lebensweisheit" (aus freiem „Weltauge" über allem Welttreiben) und die ideologiekritischen Aphorismen *Nietzsches*. Beide waren durch die europäische Moralistik gegangen und von Larochefoucauld, Lichtenberg und Chamfort tief beeindruckt und beeinflusst.

Der Einfluß des frühromantischen Fragmentarismus reichte bis zum logischen Atomismus *Wittgensteins*, der unter dem Eindruck des sprachkritischen Aphoristikers Karl Kraus seinen „Tractatus" von 1922 ursprünglich „Der Satz" nennen wollte. Im Fragment

41

„zeigt sich nur indirekt", was nicht der Fall sei, also das in formaler Logik und mathematischer Physik „Unaussprechliche", das Ganze, das er das Mystische nannte: die Art und Weise, wie das Subjekt über sein Objekt redet. (Siehe auch Manfred Frank: „Stil in der Philosophie", Stuttgart 1992)

Im 20. Jahrhundert hat noch einmal *Theodor W. Adorno* die ideologiekritische Potenz und die „negative Dialektik" des individualistischen Einzelaphorismus verteidigt gegen kollektiven Konformismus, Hegels Allversöhnungssynthese und andere potent(iell)e Weltbemächtigungssysteme. Im Aphorismus sah er nach Nietzsche eine „rationale Vernunftkritik" und pries (wie Löwith und Blumenberg) einen Paul Valéry, dessen Gnomik die unaufhebbare Spannung festhielt zwischen Kunst und Philosophie.

„Meine Philosophie ist ein System von Fragmenten." *(Friedrich Schlegel)*

„Nietzsches Philosophie ist ... ein System in Aphorismen." *(Karl Löwith, 1978)*

Nach Habermas sind Adornos „Minima Moralia" als „Sammlung von Aphorismen zu lesen, als sei sie ein philosophisches Hauptwerk."

Aphoristik „erscheint als literarische Anthropologie im 17. und 18. Jahrhundert, als lebendigster Ausdruck des Konflikts von logisch-mathematischer und ästhetischer Wahrheit (Gerhard Neumann: „Ideenparadiese", München 1976) um die Wende zum 19. Jahrhundert in Deutschland, als Integration von Poesie und Philosophie im romantischen Fragment, als Einheit von Erleben und Denken, Wahrheit und Dichtung bei Nietzsche ..." *(Friedemann Spicker: „Aphorismen der Weltliteratur", Stuttgart 1999)*

In Aphorismen entlädt sich (geistes)blitzartig die unlösbare Spannung zwischen besonderer Lebenserfahrung und allgemeingültigen Wissen(schaft)ssystemen, zwischen Bild und Begriff, Gefühl und Gedanke, Einbildungskraft und Urteilskraft. Versucht wird hier eine Rehabilitierung des Aphorismus nicht als zu kurz kommende literarische Gattung, sondern als stets unterschätzte philosophische Form, als philosophischer Gehalt in literarischer Gestalt.

Von den medizinischen Heilregeln des Sophisten *Hippokrates* und *Heraklits* frühdialektischen Rätselsprüchen ging es über *Bacons* anti-scholastische Forschungsaphorismen und *Pascals* religiöse Spruchweisheit, die lebensphilosophischen Paradoxa der *'Französischen Moralisten', Lichtenbergs* pietistisch-empirische Aufklärungspointen, *Friedrich Schlegels* frühromantisch fragmentierten Idealismus bis hin zu *Nietzsches* aphoristischer Ideologiekritik, *Wittgensteins* logico-atomistischem „linguistic turn" und schließlich zu *Adornos* System der rational vernunftkritischen, bezugssystemsprengenden Fragmente.

Platon über Ur-Aphoristiker *Heraklit,* den „Dunklen", und die Herakliteer: „Wenn du einen etwas fragst, so ziehen sie aus einem Köcher rätselhafte kleine Pfeile hervor und schießen diese ab; und willst du eine Erklärung, wie es gemeint gewesen, so wirst du von einem ähnlichen getroffen ..." *(Theaitet* 180a)

„Das Schreiben in Aphorismen hat sehr viele Vorzüge, an die die systematische Vermittlung nicht heranreicht. Erstens nämlich stellt es den Verfasser auf die Probe, ob er leichtfertig oder solide arbeitet. Wenn Aphorismen nicht lächerlich wirken sollen, müssen sie aus dem Mark und dem Kern der Wissenschaften gewonnen werden. Abgeschnitten wird nämlich jede Veranschaulichung und jeder Exkurs; es fällt fort jede Vielfalt der Beispiele, jede Herleitung und

Verbindung und jede Beschreibung der praktischen Anwendungen, so daß als Stoff der Aphorismen nichts übrig bleibt als eine reiche Menge an Beobachtungen. Daher wird nicht jeder der aphoristischen Lehrweise genügen, der nicht reiche und gründliche Sachkenntnisse zum Schreiben besitzt ... Weil hingegen die Tatsachen im Alltag verstreut liegen und nicht nach einer Ordnung zusammengefügt sind, entsprechen ihnen auch eher verstreute Zeugnisse. Da schließlich Aphorismen Wissensbrocken bieten, laden sie dazu ein, weitere hinzuzufügen, während die systematische Darstellung, die mit einer vollständigen Wissenschaft des Ganzen prahlt, die Menschen sogleich zu sicher macht, als hätten sie schon das Höchste erreicht." *(Francis Bacon:* The Advancement of Learning, London 1605) „Und obgleich viele Dinge in der Natur einzigartig und voller Ungleichheit sind, dichten sie dennoch Parallelen, Entsprechungen und Beziehungen hinzu, die nicht bestehen." *(Francis Bacon:* Novum Organum, London 1620, Nr. 45)

„Der berühmte Baco von Verulam hat schon gesagt, und wir haben es wahr befunden, daß in einer Wissenschaft nicht viel mehr erfunden wird, sobald sie in ein System gebracht worden ... Was Bacon von der Schädlichkeit der Systeme sagt, könnte man von jedem Wort sagen." *(Lichtenberg,* 1773)

„Der aufmerksame Forscher setzt aus solchen Formeln eine Art Alphabet des Weltgeistes zusammen." „So müssen wir uns die Wissenschaft notwendig als Kunst denken, wenn wir von ihr irgendeine Art von Ganzheit erwarten." *(Goethe,* 1818)

„Sprachkürze gibt Denkweite." *(Jean Paul)*

„Die vollendete Form der Wissenschaften muß poetisch sein. Jeder Satz muß einen selbständigen Charakter haben — ein selbständiges Individuum, Hülle eines witzigen Einfalls sein." *(Novalis)* „Die wichtigsten wissenschaftlichen Entdeckungen sind bonmots der Gattung." „In der Philosophie geht der Weg zur Wissenschaft nur durch die Kunst ..." „Alle Kunst soll Wissenschaft und alle Wissenschaft soll Kunst werden; Poesie und Philosophie sollen vereinigt sein." „Die eigentliche Form der Universalphilosophie sind Fragmente ... Aphorismen als Notizen der innern Symphilosophie." „Der Witz ist das Prinzip und Organ der Universalphilosophie." *(Friedrich Schlegel)*

„Es gibt zwei Arten von Weisheit... Die erste ist jene Weisheit, die auf langen Ketten von Schlußfolgerungen beruht ... Die zweite ist jene, die durch die Lebenserfahrung erlangt wird ... Diese unsystematische Weisheit, in allen Perioden der Geschichte von scharfsinnigen Geistern aus ihrer persönlichen Erfahrung abgeleitet, wird mit Recht die ewig gültige Weisheit der Jahrhunderte genannt ... Die Form, in der diese Art der Philosophie sich auf höchst natürliche Weise verkörpert, ist die der Aphorismen." *(John Stuart Mill, 1836)*

„Der Philosoph vergesse nie, daß er eine Kunst treibt und keine Wissenschaft." *(Schopenhauer)* — „Von der Kunst aus kann man dann leichter in eine wirklich befreiende philosophische Wissenschaft übergehen." „In Aphorismenbüchern gleich den meinigen stehen zwischen und hinter kurzen Aphorismen lauter verbotene lange Dinge und Gedankenketten und Manches darunter, das für Ödipus und seine Sphinx fragwürdig genug sein mag." „Eine Sentenz ist ein Glied aus einer Gedankenkette; sie verlangt, daß der

Leser diese Kette aus eigenen Mitteln wiederherstelle ... Eine Sentenz ist eine Anmaßung." *(Nietzsche, 1879)* Für *Nietzsche* „macht die aphoristische Form Schwierigkeit: sie liegt darin, daß man die Form heute nicht schwer genug nimmt." (Genealogie der Moral, Vorrede) „Der Aphorismus, die Sentenz, in denen ich als der erste unter Deutschen Meister bin, sind die Formen der 'Ewigkeit'; mein Ehrgeiz ist, in zehn Sätzen zu sagen, was jeder andere in einem Buche sagt — was jeder andere in einem Buch *nicht* sagt..." (Götzendämmerung, Nr. 51) „Es gibt Wendungen und Würfe des Geistes, es gibt Sentenzen, eine kleine Handvoll Worte, in denen eine ganze Kultur, eine ganze Gesellschaft sich plötzlich kristallisiert." (Jenseits von Gut und Böse, Nr. 235) „Ein Aphorismus, rechtschaffen geprägt und ausgegossen, ist damit, daß er abgelesen wird, noch nicht 'entziffert'; vielmehr hat nun erst dessen Auslegung zu beginnen, zu der es einer Kunst der Auslegung bedarf." „Etwas Kurzgesagtes kann die Frucht und Ernte von vielem Langgedachten sein." „Was heute gut gemacht, meisterhaft gemacht werden kann, ist nur das Kleine." „Ein Aphorismus, rechtschaffen geprägt und ausgegossen, ist damit, daß er abgelesen wird, noch nicht 'entziffert'; vielmehr hat nun erst dessen Auslegung zu beginnen, zu der es einer Kunst der Auslegung bedarf." „Etwas Kurzgesagtes kann die Frucht und Ernte von vielem Langgedachten sein." „Was heute gut gemacht, meisterhaft gemacht werden kann, ist nur das Kleine. Hier allein ist noch Rechtschaffenheit ... Der Wille zum System ist Mangel an Rechtschaffenheit ... Die tiefsten und unerschöpflichsten Bücher werden wohl immer etwas von dem aphoristischen und plötzlichen Charakter von Pascals Pensées haben." „Larochefoucauld, La Bruyère ... Vauvenargues, Chamfort ... sie enthalten mehr *wirkliche* Gedanken als alle Bücher deutscher Philosophen zusammen : Gedanken von der Art, die Gedanken macht ..." (Der Wanderer und sein Schatten, Nr. 214) — „Philosophie ... will, was alle Künste und Dichtungen wollen, — vor allem unterhalten ..." (Morgenröte, Nr. 427) Dazu passt dann auch: „Philosophie dürfte man eigentlich nur dichten." *(Ludwig Wittgenstein : „ Vermischte Bemerkungen")*

„Wenn alles ineinanderpasst, wie bei einem Philosophen, hat es nichts mehr zu bedeuten. Getrennt verletzt es und zählt es." *(Elias Canetti)* „Aphoristisches Denken ist wesentlich Lebensphilosophie, Elementarphilosophie." „Der Aphorismus ist die älteste, die einfachste und die allgemeinste Form philosophischer Erwägung." „Seltsam genug, daß die Philosophen selbst eine außerordentlich hohe Wertschätzung der Aphoristiker und ihrer Werke bekunden ... John Stuart Mill war voll des Lobes über die Betrachtungen Marc Aurels wie über die Maximen Chamforts. Schleiermacher, Nietzsche und Kierkegaard vereinen sich in ihrer hohen Wertschätzung von Lichtenbergs Aphorismen. Und Schopenhauer sieht in Lichtenberg das vorzüglichste Beispiel des „wahren Philosophen". Schopenhauer und Nietzsche stimmen beide im Lob der französischen Aphoristiker La Rochefoucauld, Vauvenargues und Chamfort überein. Wilhelm Dilthey lobt ihre psychologische Klugheit ... Aphorismen waren bei den Philosophen in China, in Indien, Ägypten, Juda und Griechenland gebräuchlich, lange bevor Hippokrates ihnen in seiner Sammlung medizinischer Grundsätze und Ratschläge ihren Namen gab. Francis Bacon war wahrscheinlich der erste, der sich mit dem Aphorismus als einer bestimmten Weise und Methode des Philosophierens befaßte."
(Hans Margolius: „ Aphorismen und Ethik", 1963).

„In ihren Werken verflechten sich Philosophie und Kunst, der Verstand kann ... die Sprache des Witzes, der Esprit ... kann die Sprache der Philosophie sprechen ... Sentenzen als die 'saillies' der Philosophen." *(Fritz Schalk,* 1933) Im Aphorismus sah *Franz Mautner* 1933 eine „labile Teilhabe an den Gebieten der Kunst und des Denkens" und *Walter Wehe* 1939 eine „Grenzform zwischen Dichtung und Philosophie". *Stephan Fedlers* Dissertation nannte 1992 den Aphorismus ein pointiertes „Begriffsspiel zwischen Philosophie und Poesie". Der Philosoph *Ulrich Asemissen* sah 1949 im Aphorismus die literarische Form des philosophischen Paradoxes. Sogar: „Aphorismen sind wahrscheinlich die beste Art und Weise, philosophische Urteile darzulegen." *(Leo Tolstoi)*

„Insofern ist das ästhetische Moment ... der Philosophie nicht akzidentell ... an ihr ist die Anstrengung, über den Begriff durch den Begriff hinauszugelangen ... Kunst und Philosophie konvergieren in deren Wahrheitsgehalt." *(Th. Adorno)* „Adorno hat den schlagenden Aphorismus als die angemessenste Form der Darstellung betrachtet; der Aphorismus kann nämlich als Form Adornos heimliches Ideal der Erkenntnis zur Sprache bringen, einen platonischen Gedanken, der sich im Medium der begründenden Rede nicht, jedenfalls nicht widerspruchsfrei ausdrücken läßt: daß Erkenntnis eigentlich das Gefängnis diskursiven Denkens sprengen und in reiner Anschauung terminieren müsse." *(Jürgen Habermas:* „Nachmetaphysisches Denken", Frankfurt/Main 1988, S. 262)

„Der Aphorismus ist die Philosophie in äußerster Nähe zur Herrschaft — der Hofnarr unter den literarischen Gattungen." *(Herman Schweppenhäuser:* „Verbotene Frucht, Frankfurt/Main 1966)

„Offenbar ... erhebt der Aphorismus zumindest seit Nietzsche den sehr ernsten Anspruch, eine integrale Denkform zu sein, die korrektiv ins System eingreift. Nicht einfach Spruch oder Maxime, sondern Einspruch gegen die herrschenden Tendenzen seiner Zeit, sofern sie das Leben entstellen, übersteigt der Aphorismus aber Neigung und Kapazität jener üblichen Methoden, die ihn als bloß literarisches Phänomen zu erfassen suchen ... Ein Philosophieren neben der Philosophie im engeren Sinne, lebt der Aphorismus aus jener Diskrepanz, die sich dadurch herausstellt, daß Sein und Denken offenbar nie völlig zur Deckung gebracht werden können ... immer erscheint er als Typus eines Philosophierens, das von der unmittelbaren Lebenserfahrung ausgeht ... Es vollzieht sich im Aphorismus mithin nichts anderes als eine Selbstkritik der Ratio ... Nietzsche hat keineswegs aus irgendeinem Unvermögen die aphoristische Form gewählt, sondern aus Einsicht in ihre philosophische Notwendigkeit ..." *(Heinz Krüger:* „Über den Aphorismus als philosophische Form", München 1988) „... das aphoristische Nichtwissen (hat) das Wissen bereits hinter sich, unter sich; es setzt das ganze Wissen voraus." (l. c., S. 112)

Nach Krügers Tod schrieb Adorno 1956 ein berühmt gewordenes Vorwort zu dessen Dissertation, um deren „spezifische Idee hervorzuheben" : „Es geht nicht um den Aphorismus als sprachliches Phänomen und literarische Gattung. Was ihn sprachlich bezeichnet: Konzision, Pointiertheit, Antithetik, Kürze, war längst herausgestellt. Krüger aber wollte dartun, daß der Aphorismus ein wesentliches Verhältnis hat zum philosophischen Gehalt; daß er „eine äußerst strenge und autonome Form des Denkens ist..." (a. a. O., S. 7) „Weil der Aphorismus, um sich darzustellen und sich mitzuteilen, notwendig auf die Sprache und ihre Logik

49

verwiesen ist, zugleich aber die logischen Kategorien und Prinzipien, die in der Grammatik sich niedergeschlagen haben, nicht als absolut respektiert, geht er über zum 'parodischen' Gebrauch von Sprache und Logik ... Der Aphorismus verwendet Sprache und Wissensprinzipien nicht so, wie sie sich von sich aus meinen: er macht sie uneigentlich und sich selber fremd. Er ist das entfaltete Nichtwissen, das die äußerste Reflexion des Wissens voraussetzt. Dabei nimmt er regelhaft die Form der Ausnahme an, an der Regel und begriffliche Systematik scheitern. Die Ausnahme fungiert als Korrektiv: der Aphorismus „nimmt etwas aus dem Horizont des Bewusstseins heraus", setzt die eingeschliffene und auch nützliche Ansicht vom Sachverhalt in Frage. Er möchte etwas von der Deformation wieder gut machen, welche der herrschaftliche Geist dem Gedachten antut. Er zielt auf die Negation abschlußhaften Denkens; er terminiert nicht im Urteil, sondern ist die konkrete Gestalt, in der die Bewegung des Begriffs sich darstellt, der des Systems sich entschlug. Das aphoristische Denken war von jeher nichtkonformistisch. Darum ist es bei den Wissenschaften und der offiziellen Philosophie in Verruf geraten, ist als unverbindlich, unverantwortlich, feuilletonistisch diffamiert worden ... Indem Krüger, im Sinne einer philosophischen „Rettung", den philosophischen Sinn der Form entfaltet, stärkt er nicht bloß den Widerstand gegen das Einverständnis mit den traditionellen Bewußtseinsformen, sondern ermutigt auch das aphoristische Denken zu seinem Verfahren und hält ihm den eigenen strengen Maßstab vor".

Er „benennt das Prinzip dessen, was die Prinzipien negiert." *(Heinz Krüger:* „Über den Aphorismus als philosophische Form", München 1988, Vorwort)

Montaigne verstand sich mit sprunghafter „politique du sage" als Schüler von Seneca und Lukrez und des konzisen Platonikers Plutarch. *Francis Bacon* verteidigte die empirisch-induktive „traditio per aphorismos" gegen die scholastisch-deduktive „traditio methodica". *Pascals* „esprit de finesse" (ordre du coeur) verhielt sich zum „esprit de géométrie" wie das offene Fragment zur methodischen Summen-Scholastik. Und Wilhelm Dilthey begrüßte später in den französischen Moralisten die weltklugen *philosophes*, die den Menschen wirklich verstehen und nicht nur naturwissenschaftlich erklären.

„Verschwindet heute das Subjekt, so nehmen die Aphorismen, es schwer, dass das Verschwindende selbst als wesentlich zu betrachten sei. Sie insistieren in Opposition zu Hegels Verfahren und gleichwohl in Konsequenz seines Gedankens auf der Negativität." (*Theodor Adorno*: „Minima moralia", Frankfurt 1951)

Philosophie hat die vieldeutigen „Gnomiker" der Lebensweisheit und Weltklugheit methodisch längst hinter sich gelassen, doch noch lange nicht ausgeschöpft, was sie auch weiter korrektiv von ihnen profitieren könnte. Die Kosten für die Verdrängung anti-systematischer Sentenzen aus der Philosophie sind höher, als diese zu glauben scheint. Laut Adorno argumentieren Aphorismen nicht, sondern sind ihre eigenen Beweise, und ihre Begründungen gewinnen die Schlagkraft von (Anti-)Thesen. Kurz: Aphoristische Diskontinuität schützt vor falscher methodischer Argumentationskohärenz, vor trügerischer Sicherheit.

„Ein Haufen aufs Geratewohl hingeschütteter Dinge ist die schönste Weltordnung." (*Heraklit von Ephesus*, um 500 v. Chr.)

„Was ich auch immer schreibe, es sind Fragmente ..." „A serious and good philosophical book could be written and would consist entirely of jokes." *(Ludwig Wittgenstein)* Aphorismen stehen zwischen philosophischer Kunstsprache und konventioneller Umgangssprache („ordinary language").

„Es geschieht gar oft, dass Dinge eine Ähnlichkeit miteinander haben, aber die unter anderem, so mehr in die Augen fällt, ganz versteckt ist. Wer nun dieselbe entdecken will, muß nicht einen geringen Grad von Scharffsinnigkeit haben. Und ist hier sonderlich nöthig, daß man das Allgemeine, so in Dingen verborgen, die uns vorkommen, heraus zu bringen geschickt wird." (Der Leibnizianer *Christian Wolff*: „Deutsche Ethik", 1720). Diese Entdeckungs- und Erfindungskunst brauche „von Natur mehr Witz, als andere durch viele Bemühung nicht erreichen können." Das führte aber dann hierzulande meist eher zu pedantisch seichtem und gründlich breitem „Aufkläricht" als zu moralistischer Virtuosität der Kritik, wie bereits Kant und Hegel monierten.

Deutsche Intellektuelle begründeten die historischen Geisteswissenschaften, weil sie niemals rechten Anschluss an die europäische Moralistik gefunden hatten. So wurde der fehlende Witz und Esprit geisteswissenschaftlich überboten, bis der Geistesblitz langweilig entschärft und „diskursiv" zerredet war, gerade im Zeitalter der Aufklärung. Hans-Georg Gadamer hat das fortdauernde Mauerblümchendasein sentenziösen Philosophierens hierzulande in seinem Lebensrückblick „Philosophische Lehrjahre" ganz zu Recht beklagt.

„Was soll ich in New York,
ich war schon zweimal in Hannover." *(Arno Schmidt)*

„Seit den Tagen Alexanders des Großen gehört es zum guten Ton zu meinen, das Reisen sei angenehm und überaus bildend. In Wirklichkeit ist es so ziemlich der anstrengendste und doch langweiligste Zeitvertreib, und, abgesehen von dem Fall einiger weniger Fachleute, die zu ganz bestimmten Zwecken Globetrotter sind, versorgt es sein Opfer lediglich mit mehr Gesprächsthemen, an denen es seine Unwissenheit beweisen kann ...

Wer einen Dom zehnmal gesehen hat, hat etwas gesehen; wer zehn Dome einmal gesehen hat, hat nur wenig gesehen; und wer je eine halbe Stunde in hundert Domen verbracht hat, hat gar nichts gesehen. Vierhundert Bilder an einer Wand sind vierhundert Mal weniger interessant als ein einziges Bild, und niemand kennt ein Caféhaus, solange er nicht oft genug hingegangen ist, um die Namen aller Kellner zu wissen. Das sind die Gesetze des Reisens.

Wäre das Reisen so begeisternd und belehrend, wie die neueste Weltreisepropaganda so beredt behauptet, dann wären die weisesten Männer der Welt Matrosen auf Frachtdampfern, Eisenbahnschaffner und Mormonenmissionare. Das Betrüblichste am Reisen aber ist die schauderhafte Mühe, die es macht. Sich in Karlsbad aufzuhalten ist gut, in San Remo müßig zu gehen, ist heilsam für die Seele, aber von Karlsbad nach San Remo zu kommen, ist des Teufels.

Tatsächlich lügen die meisten der mit der Gewohnheit des Reisens Geschlagenen bloß über die Freuden und Vorteile dieser Beschäftigung. Sie reisen nicht, um etwas zu sehen, sondern um sich selbst zu entrinnen, was ihnen nie gelingt, und um dem Gezänk mit ihren Verwandten zu entgehen, nur um neue Verwandte zum Zanken zu finden. Sie reisen, um nicht nachdenken zu müssen, um irgendetwas zu tun, genauso wie sie Patiencen legen, Kreuzworträtsel lösen, ins Kino gehen oder die Zeit mit irgendeiner anderen fürchterlichen Beschäftigung totschlagen zu können. All dies entdeckten die Dodsworths, allerdings gestanden sie es, wie die meisten auf dieser Welt, niemals ein." *Sinclair Lewis*: "Sam Dodsworth" (1929)

53

Dadazumal die Eselsbrücken

Die Spaziergänge kreuz und quer durch die Stadt waren keine Spaziergänge, sondern eher Eilmärsche, als sei der Leibhaftige hinter ihm her. Und der Druck, etwas zu werden, was er nicht werden wollte, lastete allerdings leibhaftig auf ihm. Er schlenderte nicht, er hetzte durch die Straßen, und es stieß ihn eher etwas von hinten, als dass es ihn von vorn gezogen hätte. Er hatte nur das eine Ziel, vor den Zielen davonzulaufen, die ihm gezeigt worden waren, aber er wußte nicht, wo der Zielpunkt lag, auf den er mit allen Waffen zielte. Er schoß auf die Zielscheibe los, indem er sie abschoß wie den Vogel. Die Lebensziele waren Zielscheiben, und später seines Spottes. Der Deich zog sich als Kilometer-Fußweg von der Fähre bis zum Schiffsbahnhof hin. Auf halbem Weg lagen die Tiergärten, der alte Leuchtturm und die „Strandhöhle", deren Kaffee ihm zu teuer war. Überall am Weg standen grünlackierte und unbequem geschwungene Holzbänke, mit Blick auf das sonnenglitzernde oder wolkenspiegelnde Flusswasser. Die Stadt bestand aus einer einzigen überlangen Straße, die in verschiedenen Abschnitten unterschiedliche Namen trug. Von dieser Hauptstraße gingen auf jeder Höhe kleine Nebenstraßen aus, in denen die Stadt links und rechts von der Hauptstraße endete. Er lehnte es ab, sich die Straßennamen zu merken. Es sollte unbekanntes Niemandsland bleiben und ein anonymes Abenteuer. Er wollte Fremder in vertrautester Umgebung bleiben und zu Hause in ungewohntester Landschaft. Er liebte die Stadt und haßte die Natur, die Stadt war seine Natur. Am liebsten war ihm der Deich, der Blick im Gehen auf den Fluß und auf die wenigen entgegenkommenden Passanten. Der Küstenwind verscheucht alle dicke

Luft und verändert rasch die Wolkenbilder, das platte
Land hat einen umso größeren Himmel, und keine
Berge verstellen die Sicht. In einer Nebenstraße lag in
den Fünfzigerjahren die "Deutsch-amerikanische Bü-
cherei" für die demokratische Re-Edukation der Deutschen. Wenn irgendjemand die Chance genutzt hat,
dann war er es. Auch die ledige Bibliothekarin zog ihn
an, aber er war zu schüchtern. Er erinnerte sich an die
Einsteinbiographie von Clarke, Faulkner mit seiner
„Legende", mit „Schall und Wahn", „Absalom". Klar-
sichtfolien und amerikanische Buchkarten schienen
wie Luxus. Werfels „Musa Dagh", Houston Chamber-
lains Kantbuch und Magdalena Aebis logistische Ab-
rechnung mit Kant, ein ehrfurchtgebietend faustdicker
Wälzer. Er kaufte sich mit sauer erspartem Geld das
kleine Mineralienbüchlein aus der Papierwarenhand-
lung, bei der größten Buchhandlung aber Bücher über
Atomphysik (Fritz Kahn) und Astronomie. Für DM
0.95 lagen schlecht gemachte Bücher auf dem Grab-
beltisch des Warenhauses : „Weltraumfahrt" und „In-
dochinakrieg" erinnert er noch heute. Die 'Kosmos'-
Jugendbücher zogen den Naturforscher an. Darin sah
er zum ersten Mal das Bohrsche Atommodell wie ein
winziges Sonnensystem, mathematische Klarheit als
ästhetischer Genuß. Auch in der „Pädagogischen Ar-
beitsstelle" gab es eine Bibliothek mit einer philosophischen Ecke, aber ohne Belletristik. Sie lag im Ma-
gistratsgebäude und hatte knarrende Holzdielen, gut
gebohnert. "Das andere Geschlecht" von der Beauvoir
war nicht jugendfrei, aber hier zu haben. Windelbands
einbändige Philosophiegeschichte in schönem Leinen
und auf Hochglanzpapier war eine Verführung zum
Nach-Denken. Hier stöberte er stundenlang, die Bü-
cherei war meist leer, er war der einzige Benutzer.
Der Bibliothekar mit dem leicht hinkenden Gang
wunderte sich, daß ein Schüler sich hier häufiger be-

diente als die Lehrer. Sein Lieblingsbuch waren Schopenhauers "Aphorismen zur Lebensweisheit". Der Holzboden knarrte bei jedem Schritt, die Räume waren stickig, still und sonnenheiß. Griechisch versuchte er aus einer englischen Grammatik zu lernen, der Bibliothekar war baß entzückt. Die große Schwester seines Schulfreundes ließ etwas durchblicken, daß sie ihn mochte, aber er war zu schüchtern. Schöne, schwarze I. mit der verstopften Nase und näselnden Stimme, mit den großen Brüsten unter dem engen gelben Pullover: Er mochte sie, aber sie nicht ansprechen. Die Geburtstagsfeier seiner Cousine besuchte er nur widerwillig: „Ilse, Bilse, keiner will´se, kam der Koch, nahm sie doch, steckte sie ins Ofenloch." Seine manischen Eilpromenaden durch die Stadt liefen weg vor allem, vor Schule, Elternhaus und Mädchen. Windböen zerrten ständig an Mantel und Gesicht in seiner Erinnerung. Er turnte auf dem weißen Steinpferd vor dem amerikanischen Verwaltungsgebäude. "Fock die Emma" an die Wand geschrieben. Er ging einkaufen bei Bäcker M. an der Ecke, beim Schlachter und Fischhändler, beim Kolonialwarenhändler D. gleich nebenan.

Nahe der Dachwohnung stand das vergleichsweise luxuriöse Gemeindepfarrhaus. An jeder engen Straßenkreuzung lagen ein oder zwei Eckkneipen für Männer, die Urlaub von Fabrik, Firma und Familie machten. Bier und Fußball gab´s in der „Sportkneipe". Überall Bratwurstbuden und Stehimbisse. Mit Schulfreunden dauernd im Kino, Nachmittagsvorstellungen im *Aladin, Atlantis, Gloria Filmpalast, Titania*. Dick und Doof, Wildwest, Piraten, Schüsse, Degen und schöne Frauen bewundert. Opa L. in seiner alten braunen Lederjoppe, das Haus existiert nicht mehr. Scheunenkneipe und Fußballplatz. Spaziergänge auf dem städtischen Friedhof, die ewig zugigen Straßenecken auf dem Weg dorthin. Die Hauptschule am

Altmarkt, roter Backsteinbau, rotgeteerter Schulhof. Die Klassenlehrerin Suse B., Schulkameradin Mamas. Mama sagte gern : „Gesundheit ist das Wichtigste im Leben. Halt dich vom Alkohol weg." In der Volksschule Lebertranlöffel und Vitamintabletten aus dem großen Glas. Zuhause suchte jeder dem anderen die Läuse vom Kopf und knackte sie auf einer schwarzen Teerpappe. Schokoladensuppe in den mitgebrachten Henkeltopf und Fahrradständer auf dem Schulhof. Alte Kirche neben der Alten Apotheke. Zugwind allüberall an jeder Straßenecke, Zugwind und Knallsonne. Opas Migränepulver im weißen Papiertütchen aus der Apotheke. Opa holte *Drang* vom Schlachthof, da es kein billiges Fett zu kaufen gab. Später mit den Schulfreunden in Arbeitereckkneipen. Dickbrüstige Wirtinnen servierten Bier zu 40 Pfennigen pro Glas. Nach der Schulzeit Edgar-Wallace-Romane aus dem nahen Leihbuchladen. Ronald (?) in seinem schwarzen Filzanzug von der Straßenbahn totgefahren : Bestürzung wurde rasch überspielt. Den Ungarn Gabor auf seinem Stützhandstock in seiner Mini-Wohnung besucht. *Der Unfug des Lebens, Der Unfug des Sterbens* von Lewis Mulford mit Freund H. gelesen. Yoga-Übungen in der Volkshochschule, der Leiter mit dem Sardellenscheitel auf dem großen Rundkopf hatte einen festöstlichen Tic. Als seine Atemtechnik gerügt wurde, war es aus mit seiner Yoga-Begeisterung für immer. Aber Buddhismus noch als Leseobjekt geschätzt, als philosophischen Gegenstand. Mit Gabor auf einer Ausstellung mit fliegenden Untertassen aus Sperrholz und mit Seitendüsen nach angeblich neuem Corioliskraft-Effekt : Später nie wieder davon gehört. Spinner zogen ihn an. Bettlern gab er aus Verbundenheit und aus Angst, Bettler zu werden. Stichlinge aus der „Aue" gefangen mit einem Reusennetz, aber im Weckglas gestorben. Fernsehbilder : In der DDR sah es noch so aus wie damals im alten Arbeiterviertel um 1950. Mit „Schnoddi" in Hauseingängen gelungert und stundenlang geklönt, Muttersöhnchen Schnoddi ohne Vater; er ließ sich einen Eil-Kuß geben von der Schwarzhaarigen im Kellergang. Beim Fußballspielen machte er überlange Schritte und Luftsprünge, als könnte er fliegen. Er flog ohne Bodenhaftung hinter dem Fußball her. Verhaßte Turnfeste und Schulsporttage. Schwarze Turnschuhe und Turnhosen unter der Schulbank. Tintenfässer in der Holzschulbank eingelassen. Stahlfeder für einen Groschen. Einmal als einziger ein Gedicht statt einen Aufsatz abgegeben in der Deutschstunde. Hochsprung mit überlangen Beinen. Am Reck wie ein Mehlsack gehangen ohne Armkraft. Brigitte S. und erste Freundinnen. Peter und Wilfried in der Volksschule, die Bürgerkinder mit elektrischen Eisenbahnen. Bonbontütenfrauen und Glücksgefühl, wenn im Kinosaal langsam das Licht verlosch. „20th Century Fox" und „Kulturfilm". Augen ängstlich zugekniffen und geblinzelt bei zu spannenden Filmpassagen. Mädchen : Die kleine G. und die schöne Gisela. Angst, daß ein Schulkamerad sich auch für seine Atomphysik interessierte, und Genugtuung, daß der davon weniger verstand. „Knoops Möbeltischlerei". Rudelsburg-Kneipe. Er suchte in 'Wundertüten' nach einem Silberkreuz an einer Halskette, vergeblich. Bei Sanella-Margarine gibt es schöne Bilderserien gratis: „Käp'ten Kopp und seine Mannen am Magnetberg", Nattnatt und der Mäusekönig, Bonisto und das Effka-Negerlein. Jugendbücher voller Jungenstreiche an den Erwachsenen geliebt, Klingeln an Türen und Weglaufen. Das Sumpfland am Nebenfluß war fast schon die gefährliche Fremde. Vor Stärkeren hilflos nachhausegeweint. Am grünen Deich rumgelegen mit Lorenzens 'Formaler Logik'. *Freundschaftsring* abgelegt, als er diesen Namen dafür erfuhr. Freuds Sexualtheorie mit

H. gelesen, Vorländers Philosophiegeschichte von ihm ausgeliehen und allen Sartres „Ekel" empfohlen als eine *Perle der Weltliteratur*. Angeben mit Genet, und eigene Anfänge mit Joyce-Imitationen.

Schüleraustausch mit Birkenhead/Liverpool, River Mersey. Lugano, Venedig, Waging am See. Oldenburg, Kiel, Tesperhude/Elbe : Ende? Atomphysik, Astronomie mit schwarzem Papptubus-Fernrohr, vierzigfache Vergrößerung, der Vater baute dafür ein Stativ in seiner Schlosserei. Dachbodenobservatorium, Geigerzähler in der Zigarrenkiste, Chemielabor im Keller, Schwarzpulver. Selbstschutzbunker, Atombombenfilme, Raketentestfilme, Werner Koflers abfälliger Vortrag über Prousts literarische Bettexistenz ...

Der Einzelne und sein Eigentum

„Das Geheimnis auch jenes um- und überschlagenden Individualismus war Altenberg vertraut: Der Einzige sein ist wertlos, eine armselige Spielerei des Schicksals mit einem Individuum. Der Erste sein ist alles! Oder extremer und mit scharfer Spitze gegen jene fatale Natur, in welcher sonst Bohemiens sich Wohlsein lassen : Wahre Individualität ist, das im voraus allein zu sein, was später alle, alle werden müssen! Falsche Individualität ist, ein zufälliges Spiel der Natur sein wie ein weißes Reh oder ein Kalb mit zwei Köpfen." (*Theodor W. Adorno* : „Noten zur Literatur", Frankfurt 1981, S. 636 : „Physiologische Romantik")

Am „neuromantischen Bettler" Peter Altenberg zeigt Adorno, daß auch für ihn der Einzelne, den er vor dem Gemeinwohl der Allgemeinplätze bewahren will, der Einmalige und Einzige ist, sofern er ein Einzig-artiger und Erster ist, die Allgemeinheit von morgen. Er begründet in seiner Eigen-art eben eine eigene Art und Gattung. Wie das Metaphysische verweltlicht zur sozialen Utopie, so der Rangerste zum zeitlich Ersten.

Und nur der zeitlich Erste ist hier der Rangerste, aber nicht in dem Sinne, in dem einer zuerst mahlt, der zuerst kommt. Auch der Klassenkampf um eine klassenlose Gesellschaft wird hier zum Wettkampf, zu einem Agon gegen die soziale Agonie. Auch hier sind ja Medaillen, Trophäen, Ruhmeskränze zu gewinnen und auch ewige Verlierer zu beklagen. Wer als Er-ster durchs Ziel geht, ist Sie-ger, weil er den Weg durch die Bewegung erst gebahnt hat für die Nachkommen(den). Narziß hat hier seine Chance, nicht nur das Herdentier. Der Einzelne als Einzigartiger bildet keine Klasse für sich, sondern löst in seiner Person zuerst seine Klasse und alle Klassen auf. Indem er seinen Nachfahren voraus ist, ist er sich selbst voraus. So kommt links überholt zu sich selbst, was Heidegger auf rechte Weise als Struktur menschlichen *Dada*seins vorgedacht hat im „Sich-vorweg-sein-bei ... ", das ein „Existenzial" sein soll. Sartre nannte den ein Individuum, der nicht Objekt seines eigenen Begriffs sei, sondern Schöpfer seines eigenen Wesens und Allgemeinbegriffs. *Existentia ante essentiam* : Der zufällige Einzelne produziert sein allgemein(gültig)es Wesen, indem er sich voraus ek-sistiere.

Der "andere Zustand" (AZ) ohne Dadamen

Der AZ setzt parapsychotische Primärprozesse frei (Vertauschung von Innen- und Außenperspektiven, Verzerrung bis Aufhebung der raumzeitlichen Ordnung und der kategorialen Subjekt-Objekt- Trennungen, syn- und koenästhetische Wahrnehmungen, auch Alogik, Akausalitäten, Diskordanzen, Desintegrationen der Ich-Über-ich-Struktur, Dysfunktionalisierungen etc.)

Der AZ ist ein Phänomen präödipaler Regression und von daher im psychoanalytischen Referenzsystem verständlich. Aber umgekehrt ist nicht jede Regression (hinter die ödipale Organisationsstufe des Psychosozialen) schon ein AZ. Um welche Regressionsebene es sich handeln mag, ist wohl nur im Einzelfall differentiell zu klären.

Wenn es stimmt, daß z.B. Musils Romanwerk auch und vor allem nach eigenem Bekunden des Autors das spezifisch Künstlerische zu retten versucht vor der als äußerst konkurrent erlebten Psychoanalyse durch erneute Verfeinerung ästhetischer Mittel, wäre es sinnvoll und interessant, das Werk auf jene Bereiche hin zu untersuchen, die Musil vor Freuds Blick durch welche artistischen Verfahren und Kunstgriffe in Sicherheit bringen wollte. Beide müßten einander Rationalisierung von Abwehr vorwerfen, Musil wie auch Freud.

(Die hermaphroditische Geschwister-Inzestphantasie zwischen Agathe-Ulrich als „anderer Urzustand"?)

61

Gegen den als repressiv empfundenen *Genitalcharakter* wird im AZ regrediert zur *polymorphperversen* Diffusion infantil verabsolutierter *Partialtriebe*, mit Freud gesprochen. Aber das Besondere an Proust, Musil, Michaux, Woolf, Simon usw. ist ja nicht, daß und wie oft sie „andere Zustände" hatten, sondern was sie daraus gemacht haben, was ihnen darin aufging, was es in ihnen schöpferisch freisetzte, über den bloßen, aber nicht zu verachtenden Genußwert jeder regressiven Entlastung von Ich- und Über-Ich-Anforderungen hinaus.

Der AZ ist nicht mehr wert als der Rang seiner (sub)kulturellen Objektivierung und Produktivität: Proust ist nicht der Rede wert, weil er sich wie viele andere auf die Suche nach der verlorenen Zeit begab, sondern weil er "Auf der Suche nach der verlorenen Zeit" schrieb.

Das Antirepressive entfaltet der AZ nicht, sofern er regressiv ist, sondern *Regression im Dienste des Ich* (Kris, Kubie und andere). Diese Regression ist nur Transgression, sofern sie Mittel spezifischer Erfahrung wird, die sich individuell und kulturell symbolisiert artikulieren muß, um ihre Resistenzkraft gegen Clichés des Denkens, Fühlens und Wollens zu entwickeln. Drogen und fernöstliche Kulturen umkreisen den AZ vielfältig, biochemisch wie meditativ, aber in dumpfer, verworrener, sich selbst kaum recht durchsichtiger Weise.

Seine aufschließende und emanzipierende Kraft bewährt der AZ wohl eher bei den Denkern als bei den Dichtern oder anderen Künstlern, die ihn meist nur phänomenologisch beschreiben, poetisch beschwören oder artistisch rationalisieren und dabei stehenbleiben. Erst in der (europäischen) Philosophie kommt der AZ in seinen besten Versuchen ganz zu sich selbst und zu seinem Recht. Nur hier kommt sein Wahrheitsgehalt (auch der seiner künstlerischen Gestaltungen) gegen rivalisierende Lebens- und Erkenntnisformen zur Auslegung von Möglichkeiten, Bedeutung, Reichweite und Grenzen. Jede genuine Philosophie ist Philosophie des *anderen Zustands* und bewährt sich daran. Eine kombinierte Bemühung, die sich z.B. Freud wie Hegel verpflichtet weiß, könnte zeigen, was 'dahintersteckt' und wie weit der AZ trägt.

Zusammenhängen dürfte der AZ mit einer imaginären Restitution der „Grundstörung" (Michael Balint) in der frühkindlichen Mutter-Kind-Symbiose, deren dialektisches Verhältnis zum späteren Ödipalen dann kulturelle Spannkraft bekommt. Gesucht wird im AZ kein ödipaler Mutterinzest oder eine post-ödipale Vereinigung mit dem ganz anderen (Geschlecht), sondern Verschmelzungen mit archaisch prä-ödipalen, prä-ambivalent abgrundgütigen Mutterimagines, noch *vor* aller Subjekt-Objekt-Spaltung von Mutter und Kind unter väterlicher Hilfe und Drohung.

„Erkenntnis ist die Wunde, die zu heilen sie vorgibt."
(G. W. F. Hegel)

Philogeloia : „ ... wo ernstes Denken oft mit leichtem Scherz sich gattet." *(Wieland : „Musarion", 1768)*

63

Dadamals in der Antike

Ionische Naturphilosophie an der kleinasiatischen Küste : Thales, Anaximander, Anaximenes, Heraklit ... *Abdera* in Trakien : Leukippos, Demokrit. *Sizilien:* Empedokles. *Unteritalien:* Pythagoreer, Eleaten. *Athen:* Anaxagoras, Protagoras, Sokrates, Platon, Aristoteles ...

Sophistik ging von der dogmatischen Kosmologie, die sich aus mythischer Kosmogonie entwickelte, zu Ethik und Erkenntnistheorie und zu kosmopolitischem Subjektivismus, Relativismus und Individualismus. *Sokrates* dagegen als Antisophist wollte eine dogmatische Begriffsphilosophie; seine Methode war sophistisch, dialektisch und skeptisch. Ein sophistischer Existenzialismus contra platonischem Essentialismus. Am Ende Eklektik : Dogma und Skepsis neben- statt gegeneinander. Griechische Philosophie orientalisch? Eleaten indisch, Pythagoreer chinesisch, Heraklit persisch, Empedokles ägyptisch, Anaxagoras hebräisch? Die Griechen machten die praktische Mathematik und Astronomie, Arithmetik und Geometrie der Babylonier und Ägypter zur Spekulation statt Empirie. Der Mythos der geschlechtlichen Zeugung wurde neutralisiert zum spekulativen Entwicklungsprozeß. Homers und Hesoids Theogonien und Theologik wurden gegen die Poesie gewendet.

Bei *Parmenides* ist Eros der Sohn der mythischen *Daimon*, die zu geschlechtlicher Vereinigung anregt. *Thales* galt als der weiseste der sieben Weisen. Zu Beginn waren Kosmologie, Meteorologie, Physiologie, Astronomie, Geographie und Mathematik in der

Philosophie ungeschieden. Ein Nietzsche verteidigte Orpheus, den Stifter apollinisch-dionysischer Kulte gegen den Intellektuellen Sokrates, also die Wanderung der Seele von Körper zu Körper gegen die Wanderung des Körpers von Idee zu Idee. Das Denkens des Seins stimmt selten überein mit dem Sein des Denkers. Denken und Sein: das Selbe? In der Renaissance wurden Plato und Aristoteles, Stoa und Epikur gegeneinander ausgespielt. Der Urhumanist *Petrarka*, Freund Bocaccios, schrieb „De vita solitaria" (1346) und den Traktat „Über das Heilmittel gegen das Glück". *Laurentius Valla* (1407-1487) griff auf Stoa und Cicero zurück. *Nizolius* machte die Rhetorik zur Grundwissenschaft. Der Päderast Plato wurde in der Renaissance gegen den Familienvater Aristoteles verteidigt. *Leo Hebreo* (1460-1530) sprach in seinen „Dialoghi d'amore" (1535) von der kosmisch- intellektuellen Gottesliebe, er sah die Schönheit als gratia formalis und beeinflußte damit Spinoza. *Pomponatius* (Peretto, 1462-1524) lehrte die zwei Wahrheiten der Vernunft und des Glaubens und überwand den averroistisch-aristotelischen Thomismus. Die Seele ist die Entelechie des Leibes, und die Welt ist nach Epikur ein unbeseelter Leichnam. *Bruno* betrieb *Lullische Kunst* magischer Kombinatorik. Die „Heroische Leidenschaft" ist Liebe zur göttlichen Schönheit, die sich in körperlicher spiegelt. Ruhe ist nur in der Bewegung und Begierde nur in der Befriedigung.

Nikolaus Cusanus: infinitesimale Übergänge zwischen Gott und Mensch, zwischen menschlichem und göttlichem „Possest", Possest als Leben- und Erkennenkönnen. Paradies ist Einheit der Gegensätze zwischen Enthalten und Entfalten, Austragen und Gebären, posse facere, fieri et factum. Die humanistische Bildungsreligion des Erasmus durch Luthers Reformation überboten : Erasmus wollte den Monotheismus als Vorläufer des Deismus. *Luther* wollte Unterwerfung unter Gottvater statt unter Mitter Kirche, aber auch Erlösung „allein durch den Glauben" an den Opfer-heilstod Christi. Protestantische Dognatik und Scholastik durch *Ph. Melanchthon* (= Aristoteles+Luther+ Erasmus). Der dt. Naturmystiker *Sebastian Franck* (1499-1542) übersetzte „Encomion moriae" (1609) und die Satire „Über die Nichtigkeit und Ungewißheit der Wissenschaften" (1527) des neuplaton. Mystikers und lutherischen Magiers *Agrippa von Nettesheim.*

Helmont war vielleicht Vorläufer von Leibniz : Differenzieren sei nicht infinitesimal, sondern ende bei qualitativen Monaden. *Giordano Bruno* : Die Materie ist Potenz, sie wird nicht in männliche Form gebracht, sondern sei Schoß aller Formen. *Petrus Ramu*s, Vater Tagelöhner, mit 58 von Aristotelikern ermordet, setzte dlalektische Rhetorik gegen Syllogistik des aristotelischen „Organon". Berühmter Disputant und Sophist. *Jakob Böhme,* der von seinen Schustermeister entlassene „Hausprophet", wurde mit 19 Jahren Meister und Ehemann. "Jakob Böhme ist der erste deutsche Philosoph ... der Inhalt seines Philosophierens ist echt deutsch" (Hegel) : Die Qual ist die Quelle aller Qualität, die allein qualifiziert. Leibniz hat Böhme geehrt. Böhme lebte vom Schuhbesohlen, Spinoza vom Linsenschleifen, aber Sokrates von adligen Freunden.

Leib und Seele werden nur geschieden, wo mathematische Naturwissenschaft herrscht: Sie emanzipierte von scholastischer Theologie, statt daß beides als Kehrseiten desselben Irrtums erkannt wurde. Es half wenig, den Naturforscher von Urthomisten Aristoteles zu trennen, wenn der Empiriker unter das Diktat des mathematischen Pythagoreers kam bei Galilei, da Vinci, Kepler, Newton, Leibniz und Kant.

Seit Platons 'Symposion' ist die Idee mehr und anderes als der Inbegriff seiner Objekte, ein ens sui generis auf Meta-Stufe. Schönheit als ein sinnlicher Schein der Idee noch bei Hegel. 'Sophistes' vergöttert die Idee. Platon ist gegen den Anthropomorphismus des Polytheismus. Ideen sind Objekte der sokratischen Begriffe, Sinnendinge sind Objekte der bloßen Meinungen. Der Demiurg schuf die Welt aus mater-iellem Raum nach der Idee des Guten. Der Päderast sucht Abstand des Verstandes von seinem Gegenstand, von Mutter Natur. Die Umgangssprache ist nominalistisch, Idealsprache universalienrealistisch. Leib-Seele-Geist ist ruhige Vernunft des Lehrstandes – rascher Mut des Wehrstandes – Gier des Nährstandes : unsterblicher Kopf – sterbliche Brust – sterblicher Bauch : Klassentrennung mit Spezialisierung und Arbeitsteilung. Plato köpft den Plebejer und amputiert die Philosophenkönige, die Sklaven haben. Die Griechen verdrängten ihre Sklavenhalterkultur.

Platon : Einheit ist mehr als die vereinigten Einzelheiten. Es ging von der ontologischen Methexis (Teilhabe); Parousia (Geistesgegenwart) und Mimesis zwischen Idee und Erscheinung zur logischen Einteilung (Diairesis) und Synthesis (Zusammenfassung). Ideen von Begriffen zu Zahlen : Bilder der Begriffsumfänge : Zahl der unter den Begriff fallenden Einzeldinge : Klasse von Elementen. Vernunft (Noesis) meint Ideen, Verstand (Dianoia) meint Zahlen. Philosophenkönige sind Ur-Experten der Beamtenelite mit musisch gymnastischer Bildung und mathematischer Harmonik. Ideal der Güter- und Weibergemeinschaft in den „Nomoi" wegen Unrealisierbarkeit aufgegeben. Der Nährstand ist kein Gegenstand staatlicher Fürsorge. Höhere Geistigkeit bei platonischer Männerliebe, niedere Sinnlichkeit bei der zeugenden Gattenliebe:

67

Über-zeugen von Jünglingen. Geistigkeit ohne Mater-ie, Sinnlichkeit als Vereinigung mit Mater-ie. Der Demiurg erzeugt, und der Vater zeugt. 'Protagoras' zu 'Gorgias' : Von Lust durch Güte zur Güte gegen Lust.

Philosophen werfen Sophisten vor, was sie selbst nicht nötig haben : Prostitution des Geistes auf dem Markt der ÜberZeugungen. Sophisten wollten demokratiefähig machen. Philosophen vermitteln nur Herrschaftswissen, Sophisten demokratische Kompetenz : Wie vertrete ich meine Interessen? Platon sagt Sophistik und meint Demokratie, die Sophisten sagen Philosophie und meinen Oligarchie. Nach Platon ist Sophistik Pöbelschmeichelei und empirische Therapieroutine ohne Wissensbasis : Man weiß, daß ein Medikament heile, aber nicht, warum. Sophistik stehe auf Stufen von Kochkunst und Putzkunst. Plato verehrte mathematisch-astronomische Gestirngottheiten.

Anaxagoras: "Alle Dinge waren zusammen ... unendlich an Menge wie an Kleinheit ... dann kam der Nous und ordnete sie". Alles ist in allem und wird aus allem, nur der Geist bleibt unvermischt rein und kann nur deshalb auf alles wirken.

Megarische Schule der Sokratiker : Fang-schlüsse des *Eubulides* (Haufen, Kahlkopf, Lügner). *Alexinos* : Eristik. *Diodoros Kronos* : Es gibt keine Möglichkeit (die nicht wirklich wäre). Sokrates ließ seinen Lieblingsschüler *Phaidon* von der Prostitution freikaufen. *Menedemos* : Es gibt nur bejahende Urteile, Verneinung ist Bejahung eines anderen. *Stilpon* von Megara: Prädikat und Subjekt lassen sich nicht verbinden. *Antisthenes* lebte gegen sokratische Gesetzestreue und 'lieber verrückt als entzückt'. Der Schüler des Gorgias und Sokrates ging von der Sophistik zur

68

Philosophie und war Vorläufer der Stoa mit ihrer anti-mythologistisch rationalisierenden All-Allegorese. Es gebe nur identische Urteile (Tautologien und analytische Urteile), die (sich) nicht widersprechen. Gott ist einer und hat keine menschlichen Schwächen. Sein Schüler *Diogenes* von Sinope lehrte 'Umprägung der Münzen' : 1) Ehelosigkeit, Gemeinsamkeit aller Frauen und Kinder, Sex nur nach freier Vereinbarung. 2) Weltbürger. 3) Schamlose Freude am Brüskieren und öffentliche Masturbation. 4) Askese: Unabhängigkeit durch Abhärtung. Natur und Barbaren gut, Kultur und Hellenen schlecht (Rousseau). Dadagegen Wohlstand, Bequemlichkeit, Stellung, Geburt, Kultus und Kultur, Wissenschaft, Sport, Rhetorik, aber hochgebildeter Nomaden-Vagant, (wie Hegel einräumte,) der Platons Kultur-Polis gegen die Natur-Kyniker verteidigte..

+ + +

„Denn mir scheint, wir könnten, wenn es nach unseren Verdiensten ginge, nie genug verachtet werden."
(Michel de Montaigne)

„Gerechtigkeit ist nur in der Hölle, im Himmel ist Gnade und auf Erden das Kreuz." *(Gertrud v. Le Fort)*

„Niemand ist zufrieden mit seinem Stande, doch jedermann stets mit seinem Verstande." *(B. H. Brockes)*

Salomon Maimon : Dadarum die Dadaten

Ein Dorf nahe der litauischen Stadt Mir : Der unglücklich wirtschaftende Großvater Heimann Joseph, als Pächter und Händler "der ärmste reiche Mann der Welt", verheiratet drei Töchter und zwei Söhne, Moses und Josua.

1748 : Geburt von Salomons älterem Bruder Joseph ben Josua.

1753 : Geburt von Salomon ben Josua in Nieszwicz (Litauen), "von gesunder, aber doch schwächlicher Leibeskonstitution". Die tatkräftige Mutter ist "von kleiner Statur" und "zu allen Geschäften aufgelegt". Der Vater ist "vermöge seines Standes als Gelehrter den häuslichen Geschäften nicht sonderlich gewachsen", "Er hielt bloß Rechnung, schloß Kontrakte , führte Prozesse" beim Großvater. Von der Mutter hat Salomon die Lebhaftigkeit, vom Vater den Hang zum weltfremden Gelehrten.

1756 : Älteste Kindheitserinnerung Maimons an Scherze mit seiner *Mama Kuza*. — Auf der Flucht vor Edelleuten wird er von einer Amme verloren und von Bauern aufgefunden. Der Großvater wird von einem Popen wegen Christenmords angeklagt und vom Gericht freigesprochen.

1759 : Der Vater liest die Bibel mit ihm und regt ihn zum Selbststudium an. "Eigenes Nachdenken mußte den Mangel an vernünftigen Lehrern und zweckmäßiger Lektüre ersetzen." Frühe Liebe zum Zeichnen und Malen.

1760 : Heimliche Lektüre eines astronomischen Buches auf Hebräisch. Leiden an der Cheder-Schule : "Die Freude, daraus erlöst zu werden, verursacht einen steifen Fuß." Im Winter verliert der Großvater durch einen Prozeß die Pacht an einen polnischen Edelmann. "Meine Familie wird ins Elend verjagt". Die Mutter gerät ein halbes Jahr lang in einen "Zustand der Melancholie, der endlich gar in Wahnsinn ausartete". Salomon besucht die Schule in Iwenez und genießt ein halbjähriges Talmudstudium bei einem Oberrabbiner. Einziger Diebstahl seines Lebens: ein schönes Medizinschächtelchen, das ihn später an seine Frau erinnert. Umzug der Familie ins Dorf Mohilna, vier Meilen von Nieswisch. Der Vater wird dort Rabbiner und Lehrer.

1762 : "Ich war zwar damals nur ungefähr neun Jahre alt, aber doch konnte ich nicht nur den Talmud mit seinen Kommentaren richtig erfassen, sondern ich hatte sogar meine Freude daran, darüber zu disputieren, wobei ich das kindische Vergnügen genoß, über meinen ehrlichen Vater, den ich dadurch in nicht geringe Verlegenheit setzte, zu triumphieren."

1764 : Die Familie zieht um zur Residenzstadt Nieswisch, Gouvernement Minsk in Litauen. Der Vater gründet dort eine eigene Schule, Salomon wird Gehilfe. Mehrere Familien wollen den kleinen Rabbiner zum Schwiegersohn. Aus materieller Not wird er zwei Bräuten zugleich versprochen und vergeblich entführt. Eine Verlobte stirbt vorzeitig an den Pocken. Der Elfjährige wird sexuell unruhig, als er ein nacktes junges Dienstmädchen beim Baden sieht. "In meinen Begierden war ich sehr heftig und ungeduldig". Die Mutter stirbt während eines juristischen Prozesses, und der "vollkommene Rabbiner" Salomon wird verheiratet mit Sara Rissia, einer "Schönheit ersten Ranges". Er wird zum "Sklaven seiner Frau" und bezieht Prügel von seiner verwitweten Schwiegermutter. "Ehestandsgeheimnisse" : Eine Hexe beseitigt seine sexuellen Hemmungen durch Suggestion. "Das Lieben ist aber immer der Erkenntnis proportioniert."

1767 : Dem Vierzehnjährigen wird ein Sohn David geboren. "Ich mußte durch Schulunterricht, Korrektur der Heiligen Schrift und dergleichen eine ganze Familie ernähren". Willkür der polnischen Fürsten besonders gegen Juden. — Salomon gewinnt einen "Busenfreund" in Moses Lapidoth: "Wir waren die einzigen in dem Orte, die es wagten, ... über alles selbst zu denken." Armselige Hofmeisterstelle bei einem Pächter, Trost im Branntwein. "Ich studiere die Kabbala und werde endlich gar ein Arzt". Der Junge studiert "kabbalistische Gebetsformeln, deren geheimer Sinn darauf abzielt, in der intellektuellen Welt Geschlechtsvereinigungen hervorzubringen, wodurch gewisse Wirkungen in der physischen Welt befördert werden sollen", wie etwa den Betenden unsichtbar zu machen. – Reise nach Mesiritsch zum "großen Maggid" Rabbi Bär. Fazit : Chassidische Sekten mißbrauchen eine gute Sache. Rabbiner schaden anderen, Chassidim schaden sich selbst durch übertriebene Bußübungen.

1777 : Der mittellose Salomon will Medizin studieren, ein Kaufmann nimmt ihn mit nach Königsberg. Emanzipierte jüdische Studenten verhöhnen und bewundern den hochbegabten Ghettoisten. Fünfwöchige Schiffsreise nach Stettin. Wanderung nach Berlin.

Spätsommer 1777 : Älteste weisen den Bettler und Freigeist am Berliner Stadttor ab. Ein halbes Jahr lang bettelt er sich mit einem Schnorrer bis Posen durch.

Anfang 1778 : Ein armer und gütiger Posener Oberrabbiner rettet ihn aus dem "tiefsten Grad des Elends". Zwei Jahre lang ist er angesehener Hauslehrer und Talmudist. "Diese Zeit war unstreitig die glücklichste und ehrenvollste Periode in meinem Leben." "Man hielt mich beinahe für mehr als ein menschliches Wesen". Dann zerstört er einen Posener Aberglauben und flieht vor dem "Fanatismus".

1780 (Hamannsfest) : Zweite (Post-)Reise nach Berlin, um "den Rest des an mir klebenden Aberglaubens durch Aufklärung zu vernichten" und "um Meimik Bechochma zu sein (mich in Wissenschaften zu vertiefen)". "Ich bin zwar kein großer Mann, kein Philosoph für die Welt, kein Possenreißer", aber "die wahre Bescheidenheit befiehlt keineswegs, eigene Vorzüge so viel als möglich zu verbergen, damit nicht andere, denen sie mangeln, dadurch gedemütigt werden... ' Der Onkel von Lazarus Bendavid verschafft ihm Logis und Freitische bei den "vornehmsten, aufgeklärtesten und reichsten Juden" wie Samuel Levy und Veitel Ephraim. "Verzweifeltes Studium der Metaphysik" aus einer antiquarisch erworbenen Leibniz-Wolffschen Ontologie. Lektüre von Spinoza. Suche nach "geistiger Wiedergeburt". Unterstützung durch Mendelssohn und Marcus Herz, der ihn erst als "redendes Tier" bestaunt. "Meine Moral war damals der echte Stoizismus ... Die Erkenntnis des Guten war bei mir von der Erkenntnis des Wahren nicht unterschieden.' Das jüdische Gesetz reiche nicht weiter als der jüdische Staat, sagt er gegen Mendelssohn, der dann Maimons Abneigung gegen die schönen Wissenschaften überwindet. Er liest Longin über das Erhabene, Homer, Ossians Gesänge, Geßners Idyllen. "Offenherzigkeit ist ein Hauptzug meines Charakters", der ihm Feinde schafft. "Auch der bisher erstickte Trieb nach sinnlichen Vergnügungen forderte seine Rechte." Seinen Berliner Bekannten unterstellt er den intriganten Vorsatz, "durch die Lockspeise sinnlicher Vergnügungen mich zu berauschen und meinen Eifer für die Wissenschaften einigermaßen lau zu machen, welches mir zugleich meine Freunde (auf die sie so eifersüchtig waren) abwendig machen mußte." Auf Anraten von Freunden legt er sein ostjüdisches Äußeres ab : Nun ist er Juden zu deutsch und Deutschen zu polnisch. Daß der Gelehrte von anderen zu unterhalten sei, nimmt er zeitlebens für ganz selbstverständlich. Seine Gönner bezahlen ihm eine dreijährige Ausbildung zum Apotheker, aber auf Mendelssohns Vorhaltungen antwortet er, "daß ich vermöge meiner besonderen Erziehung für alle Geschäfte eine Abneigung habe und bloß zum ruhigen spekulativen Leben geneigt sei ..." "Wir sind alle Epikuräer. Die Moralisten können uns bloß die Regeln der Klugheit, d.h. den Gebrauch der Mittel zur Erreichung gegebener Zwecke, nicht aber die Zwecke selbst verschreiben."

1782 : Mit Empfehlungsschreiben fährt er nach Hamburg und weiter nach Amsterdam "für ungefähr neun Monate", wird dort als "Ketzer" vertrieben. Hypochondrie und mißglückter Selbstmordversuch am Hamannsfest. Gespräche in Gravenhage mit einer verwitweten Französischlehrerin "von ungefähr 45 Jahren": "Eine alte Närrin verliebt sich in mich und bekommt einen Korb". Er ist verheiratet, und "freilich gefällt mir an einem Frauenzimmer bloß Schönheit". "Nie konnte ich glauben, daß eine Dame sich im Ernste in mich verlieben könne." Aber er teilt nicht die "Verachtung aller unkultivierten Menschen gegen das andere Geschlecht".

1783 ? : Flucht vor den holländischen "Geldsammlern". Landreise über Hannover nach Hamburg. Aus Not entschließt er sich zur Taufe, aber "das räudige Schaf ... wird der Aufnahme in eine christliche Herde für unwürdig erklärt" : "Sie sind zu sehr Philosoph, um ein Christ zu werden". "Ich muß daher bleiben, was ich bin : ein verstockter Jude. Meine Religion befiehlt mir, nichts zu glauben, sondern die Wahrheit zu denken und das Gute auszuüben."

23.6.1783 - März 1785 : Zweijährige Gymna-
sialausbildung auf dem Christianeum in Hamburg-
Altona auf Kosten des aufgeklärten Kaufmanns Moses
Wessely. Maimon vervollständigt seine Sprachkennt-
nisse. Abschlußzeugnis : "Beschäftigung der Denk-
kräfte scheint sein größtes, wenn nicht einziges Vergnügen zu sein."

1785 ? : Dritte Reise nach Berlin und Scheitern als hebräischer Schriftsteller. Seine Gönner be-
auftragen ihn, in Dessau ein hebräisches Mathematik-
buch für polnische Juden zu schreiben, und lassen es
dann doch nicht drucken. Enttäuscht reist Maimon
nach Breslau. Berliner Briefe eilen ihm dort voraus:
"Maimon sucht schädliche Systeme zu verbreiten".
Freundschaft mit dem jüdischen Dichter Ephraim Kuh
(1731-1790). Maimon sucht die Bekanntschaft christ-
licher Gelehrter, schickt philosophische Aphorismen
an Popularphilosoph Garve und wird Hauslehrer bei
reichen Schutzjuden Ein empfohlenes Medizinstudi-
um bricht er widerwillig ab. Er schreibt lieber eine
Newtonsche Naturlehre auf Hebräisch und übersetzt
Mendelssohns „Morgenstunden" in Hebräisch. Ver-
lust der verhaßten Hauslehrerstellen. Er lebt in "küm-
merlichen Umständen", "ohne allen vernünftigen Umgang" und angeblich ohne Bücher und Studierzimmer.
"Bei Tage trieb ich mich in Tabagien herum". "Meine
bisherigen Handlungen waren so wenig der (wohl
verstandenen) Religion als der Vernunft zuwider",
sagt er einem Oberrabbiner, den sie ihm auf den Hals
schickt : Seine Frau, "von rauher Erziehung und Le-
bensart, aber von sehr viel bon sens und Amazonen-
mut", kommt mit Sohn David nach Breslau und erreicht den gerichtlichen Scheidebrief von dem "Vaga-
bunden".

1787 ? : Vierte Reise nach Berlin. Der kantia-
nische Mathematiker Bendavid sammelt für Maimon

bei reichen Schutzjuden. Ein Joyard zahlt Maimon die Kollekte in kleinen Portionen aus. Der Publizist Saul Asher leiht ihm Kants "Kritik der reinen Vernunft".

1789 : "Versuch über die Transzendentalphilosophie". Das Manuskript wird von Marcus Herz an Kant weitergeleitet.

24. Mai 1789 : Ein begeisterter Antwortbrief Kants. Seit dieser Zeit kann Maimon insgesamt 58 Zeitschriftenartikel veröffentlichen und 12 Bücher. Im Berliner "Journal für Aufklärung" : "Was sind Tropen?", "Baco und Kant", "Über die Weltseele" etc. „Korrekturlesen in Daniel Itzigs Lederfabrik in Potsdam."

1790 : Die "Transzendentalphilosophie" wird in Berlin gedruckt. Widmung an den König von Polen.

1791: "Philosophisches Wörterbuch", 1. Band (Danksagung des Königs Friedrich Wilhelm II. für ein Freiexemplar). Beiträge für die "Gesellschaft der Forscher der hebräischen Sprache". Maimonides- Kommentar auf Hebräisch. "Die jüdische Nation ist eine unter dem Scheine der Theokratie immerwährende Aristokratie" der Schriftgelehrten. Briefwechsel mit Johann Gottlieb Fichte. Koredaktor des "Magazins zur Erfahrungsseelenkunde" von Karl Philipp Moritz.

1792 : "Salomon Maimons Lebensgeschichte von ihm selbst erzählt und herausgegeben von K. Ph. Moritz" als erste Darstellung des Judentums und des Maimonides in Deutschland. "Auf der Bierbank geschrieben, in Kabinetten gelesen" (Zeitgenosse). Rechenschaftsbericht und Rehabilitationsversuch, um sich vor seinen enttäuschten Gönnern zu rechtfertigen gegen den Vorwurf der Trunksucht, „Liederlichkeit" und der Ketzerei. Die Lebensbeschreibung begründet seinen etwa zweijährigen Ruhm bei den deutschen Bildungsbürgern.

1793 : "Streifereien im Gebiete der Philosophie" veröffentlicht. (Mit einer rudimentären Ästhetik). Maimon rezensiert Goethes "Metamorphose der Pflanzen" positiv.

1794 : Fichtes "Wissenschaftslehre" .

Maimons Bettelbrief vom 2. September an Goethe um eine "fixe Pension", durch Verleger Unger vermittelt, bleibt erfolglos. "Für das sogenannte Lesepublikum schreibe ich nicht, auch nicht für die Gelehrten von Profession. Jenes will sich bloß amüsieren, diese werden sich nicht von mir belehren lassen". Er habe sich "unbedachtsamerweise in die Philosophie verliebt, ohne erst zu überlegen, wie er sich und die Philosophie erhalten wird" "... auch muß die Kunst nicht nach Brot gehen". "Kategorien des Aristoteles" und "Versuch einer neuen Logik und Theorie des Denkens" (²1798) in Berlin veröffentlicht. Im Dezember entzieht Samuel Levy ihm die letzte Unterstützung von 18 Talern monatlich. Maimon ist gezwungen, die wiederholte Einladung des Grafen Kalkreuth und seiner Schwester Gräfin von Bülow auf deren niederschlesische Güter anzunehmen, wo ihm der gelehrte Umgang Berlins fehlt. Dem hochgebildeten Grafen widmet er

1797 : "Kritische Untersuchungen über den menschlichen Geist", in Leipzig veröffentlicht.

22. 11. 1800 : Tod in Nieder-Siegersdorf bey Freystadt in Nieder-Schlesien. Begraben in Glogau?

Sekundärliteratur :

Lazarus Bendavid :
"Über Salomon Maimon", Berlin 1801.
"Maimoniana oder Rhapsodien zur Charakteristik Salomon Maimons" Aus seinem Privatleben gesammelt von Sabattia Wolff, Dr. med. Berlin 1813.

Samuel Hugo Bergman : "The philosophy of Solomon Maimon", Jerusalem 1967.

Cliffhanger zwischen Prolls und Profs

Es bleibt abzuwarten, wieviel Zeit seine Frau brauchen wird für den inneren Weg von der Nervenklinik zurück in die eigene Wohnung. Im Laufe der Jahre hat er so etwas wie eine auf sie zugeschnittene Form von Psychotherapie entwickelt, die meist ganz gut funktioniert hat, aber für diesmal war die Einweisung wohl nicht zu umgehen, zum ersten Mal wieder seit vielen Jahren. Denkt seine Frau mit ihm mit? Beide sind sehr innig verbunden, und in großen Zügen nimmt sie teil an seinen geistigen Versuchen. Sie hat nicht die Kraft, viel zu lesen, aber umso mehr Kraft für Gespräche über Gott und die Welt. Was die Religion betrifft, denken seine Frau und er sehr ähnlich (aber praktisch ist sie hilfsbereiter als er). Er ist immer wieder beeindruckt von ihrer Art, die Dinge zu sehen und anzupacken und sich aus Problemen herauszuhelfen. Sie ist nicht gebildet, aber intelligent und sprachbegabt, hat einen klaren Verstand, rasche Auffassungsgabe und einen wendigen Geist, sie ist ein fröhlicher Mensch − wenn der "Fluch" der Familie nicht gerade über sie kommt. Dann hat sie massive Ängste, im Selbstmord zu enden. Sollte er in den letzten zwei Jahrzehnten irgendetwas auch nur halbwegs Brauchbares gesagt oder getan haben, dann nur dank seiner Frau. Durch sie, denkt er, hat Gott ihn bisher gerettet, Er hat den Blinden und den Lahmen zusammengeführt; der Mann muß der Frau helfen, ihm zu helfen. — Welche andere Frau hätte es denn mit einem so verqueren Sonderling gewagt? Niemand seit der Kindheit hat sein Denken und Verhalten so geändert wie sie. Sollte er sie einmal verlieren, weiß er nicht, ob er weiterleben möchte.

Es fällt ihr schwer zuzugeben, wie sehr sie durch seine Krankheit überfordert ist, durch all diese Jahre hindurch. Sie lebt in ständiger Angst davor, ihn durch seine chronische Krankheit eines Tages zu verlieren. Diese übertriebene Todesangst um ihn macht sie richtig "verrückt".

Er hat sich immer sehr bemüht, ihr diese Angst zu nehmen, vergeblich. Ihr Kopf sieht ein, daß die Gefahr für ihn sich in Grenzen hält, aber das Herz fürchtet anders. Sie übertreibt maßlos die Verantwortung, die sie für ihn zu haben glaubt. So entstehen solche Paradoxe, daß sie ihn manchmal verlassen will, nur um ihn nicht eines Tages zu verlieren. Sie möchte die Sorge los sein. Er sieht immer darauf, sie nicht mit seiner linden Hilfsbedürftigkeit zu erpressen. (Diese beschränkt sich im Grunde darauf, daß er in manchen Wochen nicht einkaufen kann und tagelange Liegekuren auf dem Sofa abhalten muß.) Aber Krankenhausaufenthalte waren schon jahrelang nicht mehr nötig. Wenn ein neuer "Schub" kommt, klage er eher seinen Freunden in Briefen etwas vor als seiner Frau hier zu Hause, um sie nicht unnötig zu beunruhigen.

Er hat immer darauf hingearbeitet, daß seine Frau sich mit ihm in der kleinen Mansardenwohnung nicht zu sehr miteinschließt, sondern ein Spielbein draußen im Leben behält. Wenn er schon immer mal wieder flach liegt, hilft sie ihm ja nicht dadurch, daß sie sich dazulegt, um ihm nahe zu bleiben.

Oft muß er sie nachdrücklich aus dem Haus schicken, zu ihrer Freundin oder zu einer Veranstaltung, damit das hier keine *folie à deux* wird. Aber leider machen seiner Frau, ohne daß er dafür sorgt, letztlich nur Dinge Vergnügen, die sie zusammen mit ihm genießen kann.

Einerseits freut ihn natürlich, daß sie keinen anderen Mann will, aber sie hängt so sehr an ihm, daß

79

es fast ein Verhängnis ist. Ihm ist nicht klar, ob letztlich ihre beengte Situation hier sie krank macht oder eine genetische Krankheit bei ihr immer mal wieder durchbricht. Die Ärzte wissen es auch nicht so genau.

Die Vorstellung, daß die Mücke, die mich piekst, mein Wissen erbt, ist doch lustig. Dann hat vielleicht sogar er eine Familie von *Blutsverwandten* gegründet !?

Erwachsene lesen Geschichten über Schüler oder Studenten, um ihre eigene Jugendzeit wiederzufinden, aus Sentimentalität. Aber was ist mit Jugendlichen, in denen sich kein Erwachsener wiederfindet? Fernwehkranke Sechzehnjährige sind den meisten näher als drogensüchtige Zwanzigjährige, aber geträumt haben die meisten Fünfzigjährigen schon einmal sowohl von Brasilien als auch von Haschisch. Aber warum soll ich von einem Jugendlichen lesen wollen, der weder Karl May noch Karl Marx liest, weder Kaufmann noch Lehrer noch Ingenieur werden will, weder Beatles noch Beethoven hört und nicht einmal nur sinnlos herumgammelt? Wen interessiert ein Achtzehnjähriger, der sich für einen Diogenes Areopagita oder die Superstring-Theorie interessiert, ohne Pfarrer oder Kernphysiker werden zu wollen?

Ein junger Mann aus D., wir wollen ihn Walter G. nennen, der im Leben partout nichts werden wollte und Christ genug war, seinen eigenen Weg quer durch den Rest der Welt nicht schlagen zu wollen, ging spazieren. Zwar verließ keine Marquise um fünf Uhr das Haus, aber das Arbeiterkind Walter G. die Wohnung seiner Eltern um Punkt zehn Uhr, und dieser Unterschied war einer ums Ganze. Als er von der Schillerstraße über die Körnerstraße in die Goethestraße einbog, blies ihm ein kalter Oktoberwind in den Mantel und kühlte sein heißes Gesicht, bog seine hagere Krummgestalt noch ein bisschen mehr nach vorn und unterstützte sein schmeichelhaftes Gefühl, gegen den Strom der Zeit zu schwimmen. Am Kiosk kaufte er einen Schokoladenriegel, um wenigstens nicht gegen den Wind zu rauchen. Plötzlich blieb er wie wurzellos stehen, hielt einen speichelfeuchten Finger in den Wind und lauschte still. Dann nickte er, nahm ein buntes Papierfähnchen aus seiner immer mitgeführten Aktenmappe und steckte es in den moosgrünen Spalt zwischen zwei Betonplatten des Gehwegs. "Für künftige Generationen!", murmelte er. "Hier ist der Ort, an dem ihm am 14. 6. 1961 ein Gedanke hätte kommen können."

Diese Eilmärsche quer durchs Stadtgebiet waren seine Befreiungsbewegungen und endeten zumeist an der Flusspromenade, wo er sich müde lief, von der Kaje am Tierpark vorbei zwei Kilometer zum Wasserstandsanzeiger und zurück, immer hin und her, in Ermangelung einer weiblichen Begleitung. Dort öffnete er seinen Popeline-Mantel und verging sich sein Gesicht an der Windsbraut, die von der Nordsee her in die Stadt einfiel. Stundenlang saß er, die überlangen Beine eines Sitzzwergs übereinander geschlagen, rauchend auf den Parkbänken der Uferpromenade in der Sonne, stundenlang marschierte er ohne eine Marschkolonne am Wasser entlang, von Furien gehetzt, die Angst vor seiner Zukunft im Rücken, vor den Chefs, die er noch gar nicht hatte und die doch schon irgendwo in der Welt auf ihn warteten, um ihn so kleinzukriegen, wie er aus Angst vor ihnen schon war.

Er zahlte den Eintrittspreis des Tiergartens, wartete, bis kein Wärter und Besucher in Sicht war, befreite aus einem Gehege ein asiatisches Sumpfhuhn, indem er es in seine Aktenmappe steckte und draußen nur laufenließ, um mitansehen zu müssen, wie eine streunende Katze aus einem Hauseingang hervorschoß und sich über das Objekt seiner Befreiungstheologie hermachte. Das war das Ende von Walters Bemühungen um eine bessere Welt,

Seinen Schulfreund traf er nun wie verabredet beim "Schleusentor" und sagte ihm : "Ein Tier, das nicht von Menschen gegessen wird, wird von Tieren gefressen." Wer es im sogenannten Leben zu rein gar nichts bringen will, läuft Gefahr, ein nützliches Glied der Gesellschaft zu werden, sagte er nach dem dritten Bier, das er nicht trank, und drehte nach dem vierten ungetrunkenen Bier diesen Satz sogar um. Wer diese Philosophie sofort vergisst, sobald er sie verstanden hat, der hat Aussicht, auch nicht mehr als andere zu werden und zu leiden. „Aber womit willst du dein Geld verdienen?"

"Nach reiflicher Überlegung komme ich zu dem Entschluss, ich will überhaupt nichts werden." Das sagte er in sein Cola-Glas nach dem fünften ungetrunkenen Bier, und hörte von seinem Schulkameraden Roland : „Wenn ein Mensch sich einmal aufgerafft, durchgerungen und entschieden hat, dann sollte er sich ermannen und dieser Entscheidung einfach nicht folgen. Wer weiß, was er will, der sollte dieses Wissen und diesen Willen tunlichst sofort vergessen."

Sie verabredeten sich auf den nächsten Abend und gingen auseinander, nachdem sie sich gar nicht auseinandergesetzt hatten. G. ging dann weiter an den Deich, setzte sich ins Böschungsgras, er folgte den Passanten mit den Augen und nicht mit den Füßen. Am nächsten Abend sagte Roland M. zu ihm :

„Bitte, setzen Sie sich doch. Sie müssen nicht stehen und nicht gehen, Sie dürfen sitzen, aber nicht liegen. Sitzen im Liegen, sitzen im Stehen. Liegen im Sitzen und stehen im Sitzen. Nicht aufstehen, nicht weggehen, nicht hinlegen. Du mußt sitzenbleiben, du kannst sitzenbleiben. Nur sitzen. Auf den vier Buchstaben. Auf Sessel und Gesäßschwielen. Vorsitzende und Vorgesetzte. Einsitzen und Aussitzen. Sitzgelegenheiten. Beisitzer und Besitzer von Seßhaftanstalten. Das hat gesessen!"

Setz dich. Zu uns. In Positur oder in die Nesseln. Aufs hohe Roß zur Ruhe. Entleerung der Blase, des Darms und des Kopfes. Eine prall gefüllte Gedankenleere im Kopf. OH MANI PADME HUM. Stell dir einen Tisch vor. Denk dir alles weg von ihm, was sich wegdenken läßt, Schwere und Undurchdringlichkeit, Holz und Form, Nutzen und Preis. Was bleibt von ihm übrig? Genau das, was er gemeinsam hat mit einer Blume, von der du dir alles wegdenkst, was sich von ihr wegdenken läßt, Duft und Farbe, Stengel und Blüte, Blätter und Saft, Siehst du? – Was siehst du? – Ich? – Einen Stuhl und ein Kissen.

Nun mach die Augen zu. Was siehst du jetzt? Nichts. Nun mach die Augen wieder auf. Was siehst du jetzt? Wieder der Stuhl und das Kissen.

Siehst du? Diese Verwandlung von Stuhl in Nichts und von Nichts in Stuhl, das ist Es, diese Vernichtung des Kissens und seine Wiedergeburt aus dem Nichts. Ein Klappern mit den Augen verändert die Welt. Nichts als Stuhl zu Nichts und Nichts zu Kissen. Wie wunderbar!

Om Om Om.

„Ist die Aristokratie des Adels verwerflich, so ist es die Aristokratie des Talents noch mehr." *(L. Börne)*

Welt oh Welt, oh lass mich sein,
sei mir nicht ein Klotz am Bein,
forderten früher die Weisen
und gehen heute auf Reisen.
Die ewigen Sucher und Finder
suchen heute Frau und Kinder,
Autos, Grundstück und ein Haus,
sie denken heut in Saus und Braus.
Der Philosoph, man soll nicht lästern,
ist mehr von morgen als von gestern:
Er hat nicht länger seine Wonne
als Diogen in seiner Tonne;
er ist ein Diener seines Staates,
der Fakultät, des Rektorates.
Die universale Realität –
das ist die Universität.
Die überirdischen Güter
sind nur noch Ladenhüter,
und ohne metaphysisch System
denkt es sich bungalow-angenehm.
Versichert gegen Katastrophen
sind heute die Staatsphilosophen.
Das spekulative Weitsehn
geht heute bis „A 13".
Auf die Leut versteht sich heut
der arrivierte Hermeneut.
Und Phänomenologen schauen,
wo sie sich ihr Häuschen bauen.
Der Weise zieht die Konsequenz
und wird Professor für Existenz,
das Kind von einem Doktorvater
und von der Magna Alma Mater,
einst Mutter Kirche und Gottpater,
heut Mutter Natur und Landesvater.
Es weiß der Universitätsmarxist,
wo man in der Stadt gut isst.

Dadafür und dadagegen, dadavor & dadanach

    ... sie haben sich doch wenigstens noch was zu sagen ... aber ja .. kehren es nicht unter den ... aber, ja, natürlich ist das gesund ... knallen muß es, daß die Fetzen ... gut aufeinander eingespielt ... kommunizierendes Röhren, ha, ha ... wirkliche Partnerschaft, einer gleicher als der andere ... keine verdeckte äh, Diktatur und faule Harmonie ... na ja, das kommt in den besten Familien vor ... trotz allem, eine Ehe wie im Buche ... sie hat schon immer nur gemocht, was anders ist ... er ist anders ... anders herum, ha ha ha ... ja, richtig, da war noch ein anderer Kerl mit im Spiel ... immer nur Spiel ... die Schlampe glaubte, der wollte sie, aber der wollte ihn, ha ha ... Auf jeder Demo war sie ... die kriegen doch den Hals und den Bauch nicht voll ... kennengelernt? Na, auf der Straße ... Unterschriften gesammelt hatte sie ... ja, gegen den 218 ... er war schon immer für die Frauenbewegung gewesen, kein Wunder bei ihm... brutaler Waschlappen ... den ganz Progressiven vor ihr rausgekehrt, um sie links zu überholen ... erst hat sie alles so hingenommen ... sich dann aber ihren Teil genommen, aber feste ... ihn *allegemacht* und immer so getan, als hätte *er* die Hosen an ... das Lustige ist, er dachte, sie wär das waschechte Arbeiterkind, und sie glaubte, er wär das feine Bürgersöhnchen ... wo doch er aus der Gosse kommt und nach oben wollte, raus aus der Scheiße, in andere Kreise ... und sie war die höhere Tochter, die damals gerade auf Proletentrip ... gegen ihren Alten ... dauernde Mißverständnisse, und prima Ergänzung ... ha ha ...seine mystischen Momente, weißt du noch? ... völlig weggetreten ... nie ganz da, von einer Sekunde zur nächsten, black out ... Nabelbeschauer, meditierisch ... vor dem Alltag gedrückt ... immer auf dem

Sprung in andere Sphären, höhere Regionen, wenn er nicht klarkam ... ja, immer „im Wald", wenn du ihn brauchtest ... Bullen klaute er die Ballermänner ... spielte sich vor ihr und vor uns auf, als MiliTunte ... gerade die ganz Zarten wollen immer die ganz Harten sein, kleiner Pascha ... später die beiden spießiger als alle zusammen, über die sie hergezogen ... machten ganz auf heile kleine eigene Welt ... ja, Heilberufe ... anderen helfen, weil sie sich selbst nicht ... er erst Naturwissenschaftler ... dann als Naturschutzheiliger, Krankenpfleger, sie als Krankenschwester ... Naturheilkunde, giftige Idylle ... wie die Turteltauben ... völlig kindisch, wenn sie sich unbeobachtet glaubten ... so ein Familiendialekt, Privatspräche, die kein Außenstehender verstand ... böse Welt aussperren, alles draußen halten, was nicht ... kroch ihr in den Arsch ... spielte die Hausmemme, damit sie Karriere ... lauter Schiß, daß sie doch mal'n richtigen Kerl ... katholisch, alles warme Brüder vor dem HErrn ... wußte nicht mehr, ob er Männlein oder Weiblein war ... der quasselte ... der redete wie ein Waschweib ... bei ihr nichts zu sagen ... Schwanz abschneiden, Wort abschneiden ... endloses Gelaber, sabbelte alle in Grund und Boden ... daß wir alle zu Verrätern geworden waren, überangepaßte Schweine und so ... nur er nicht ... gerade er, der es als einziger zu nichts ... Verrat, aber frag mich nicht woran ... an irgendwas von früher ... immer von früher ... irgendein Pubertätsquatsch, über den er nie raus ... kein Mann, nur so auf Mensch ... aber uns allen Schiß machen, vor Krebs und so ... machte jeden bei jedem schlecht, hinterm Rücken ... ganz abgehoben und von oben runter ... um zu helfen, also um fertigzumachen ... alles zu unserem Besten natürlich ... und wehe, du fühltest ihm mal selbst auf den Zahn ... an dem konntest du dir die Zähne ... an den kamst du nicht ran ... brachte sich nie selbst ein ... wir immer

die Dummen, liefen ihm ins Messer ... immer rausge-
hängt, daß er was zu verbergen ... wo doch jeder wußte, dass ... aber spielte immer den großen Geheimnis-
vollen, den Oberguru ... die Weiber waren ganz weg,
weil er sich nichts aus ihnen machte ... darauf fuhr sie
ab, das war genau ... wie er diese Scheiße damals auf
der Fete, ha ha, vorgetragen hat ... über die beiden
oder so ... über uns, um es allen mal so richtig ... seiner Muse gewidmet, sie war natürlich am Bauch ge-
kitzelt, der ihr gehört, ha ha ha ... der Kitsch war allen
zu hoch ... überall durchgefallen und verrissen, nach
Strich und ... aber ein dickes Fell, den kratzte doch
gar nichts, den sturen Bock ... viel zu überzogen von
sich, faul und gefräßig ... ließ sich doch auf nichts
wirklich ein ... nur die Sahne überall abgelöffelt ...
weg war er, wenn es ernst wurde und in Arbeit ausartete ... wuselte nur so vor sich hin und überall so durch
und alles in sich rein ... oberflächlicher Tiefsinn, wenn
du mich ... aber eifersüchtig auf uns alle ... meine
Frau, mein, mein ... sein einziger wunder Punkt, außer
du wolltest ihn mal aus seiner Pomadigkeit ... das
waren doch Minderw ... als wollte ihm einer diese
blöde Kuh wegnehmen, hahaha ... wie ein Baby an ihr
... trotzdem hat er sie geschafft, gerade dadurch ... nur
die nicht abgenabelt sind, die Muttersöhnchen, machen uns doch alle ... sie war kaputt vor Schiß, daß sie
alle um sich herum kaputtmacht, auch ihn ... als sie
zum ersten Mal eine Frau sein wollte ... bei diesem
Vater ... Mother's little helpers, am Fließband einge-
worfen ... Hexe, böser Blick, und schlimme Ausstrah-
lung und so ... armes Ding ... ja, wenn wir Frauen uns
nicht ... als Krankenschwester ist sie dann ganz durchgedreht ... hielt sich für die Oberärztin ... In Wirklichkeit war sie eine ihrer eigenen Patienten ... soll mit
denen ja Sauereien gemacht haben ... er war ein Säu-
fer ... immer auf dünnem Eis ... immer schlimmer mit

all den Ausfallerscheinungen .... verkrachte Existenz, also verkanntes Genie, hahaha ... und dann die Geschichte mit den kleinen grünen Männchen oder so, Invasion aus dem All ... CIA und KGB ... kein Erfolg, also Verfolgung ... Drückeberger, der auf Jagdschein ... Selbstmordversuche, um auf Staatsknete ... aber die haben ihn ... da ist er ganz durchgedreht ... immer hin und her ... erst hielt er sich für Gottvater persönlich ... dann ein armer Hund ... dann wieder ein Baum von einem Kerl ... am Ende wie aus Stein ... Denkmal, hahaha ... hat sich nicht mehr gerührt hat den sowieso niemals was richtig ... Gröphaz, größter Philosoph aller Zeiten, hahaha ... Verklemmter Spinner, Tagtraumtänzer, Hinternweltler ... Kopfwichser, weil ihm unten nichts ... und heute? Walldorfschullehrer, beide ... beide verrückt ... verrückt nacheinander ... einer nach dem anderen ... er ist verrückt geworden, um ihr nahe zu bleiben. Oder umgekehrt. Gute „Einmuffungsfähigkeit" und beste „Abstrahlungsqualität"!

Mehr war von Nebenraum aus nicht zu verstehen.

Dadarin und Dadaneben

"Abgrund des Geistes" *(Kant)* ". ... die Metaphysik, in die verliebt zu sein, ich das Schicksal habe, ob ich mich gleich von ihr nur selten einiger Gunstbezeigungen rühmen kann." *(Kant)* Herder schrieb, "daß die Völker eben durch die Sprache allmählich denken und durch das Denken allmählich sprechen gelernt haben." (Zur Philosophie der Geschichte l, Berlin 1952, S. 160) "Der Mensch ist also zur Gesellschaft geboren" (S. 125) "Gott als Hypothese" *(Kant)* :

"Der Mensch ist von Natur böse." (Siehe: Genesis 8,21) "... daß gleichsam auf der großen Karte unseres Gemüths nur wenig Stellen illuminiert sind: kann uns Bewunderung über unser eigenes Wesen einflößen." (Anthropologie, § 5) "Schönheit ist die Blüte, Wissenschaft aber Frucht." *Fichte* : "Niemand wird kultiviert, sondern jeder hat sich zu kultivieren." (Beitrag zur Berichtigung der Urteile ..., Leipzig 1988, Seite 87) "Die Aufgabe war die, die Entgegengesetzten, Ich und Nicht-Ich, zu vereinigen. Durch die Einbildungskraft, welche Widersprechendes vereinigt, können sie völlig vereinigt werden." („Wissenschaftslehre", Medicus-Ausgabe, S. 411 f.) "Empfindung (gleichsam In-sich-findung)".

"Es gibt gar keinen ersten Moment des Bewußtseins, sondern nur einen zweiten." („Grundriß des Eigentümlichen der WL", Leipzig o.J., Seite 87) "Das Meiste geschieht vom Verstande in der Dunkelheit ... Die Hebamme der Gedanken. Alle actus des Verstandes und der Vernunft können in der Dunkelheit geschehen ... Daß die Schönheit müsse unaussprechlich seyn. Was wir denken, können wir nicht immer sagen." (*Kant* : Reflexionen zur Anthropologie, Nr. 177) Zeit ? "Das Schema ist an sich selbst jederzeit nur ein Produkt der Einbildungskraft." (Kdrv, Leipzig 1971, S. 239)

Anti-Sokrates : "... daß es keiner Wissenschaft und Philosophie bedürfe, um zu wissen, was man zu tun habe, um ehrlich und gut, ja sogar um weise und tugendhaft zu sein." (Grundlegung zur Metaphysik der Sitten) "Was ist die Naturbestimmung des Menschen? Die höchste Cultur. – Welches ist der Zustand, worin sie möglich ist? Die bürgerliche Gesellschaft. Welche Triebfedern? Ungesellige Geselligkeit und Eifersucht. Arbeit." (Reflexion, Nr. 1521) " ... wie sind denn nun die Dinge an sich beschaffen? ... so, wie wir sie ma-

chen sollen." (*Fichte*: „Wissenschaftslehre", Medicus-Ausgabe, Bd. l, S. 477f) "Philosophie ist die Theorie der Poesie." *(Novalis) Schelling* : "Die Schönheit ... ist überall gesetzt, wo Licht und Materie sich berühren..." "... Materie ist also nichts anderes als der bewußtlose Teil von Gott." *Fichte* : "Liebe ist der Affekt des Seyns und Quelle des kateg. Imperativs ... hofft das Reich Gottes nicht ... in einer äußern Form eines Staates, in einer Gesellschaft, unter den öffentlichen Gesetze einer Kirche (zu sehen) ..." "Was ihr wollen könnt, daß (es) als allgemeines Gesetz unter den Menschen, auch gegen euch gelte, nach einer solchen Maxime handelt – das ist das Grundgesetz der Sittlichkeit". (*Hegel*: „Das Leben Jesu", 1795) "In der Liebe hat der Mensch sich selbst in einem anderen wiedergefunden; weil sie eine Vereinigung des Lebens ist." ("Geist des Christentums") "Diese Liebe ist ein göttlicher Geist, aber noch nicht Religion ..." "Die Philosophie muß eben darum mit der Religion aufhören, weil jene ein Denken ist, also einen Gegensatz teils des Nichtdenkens hat, teils des Denkenden und des Gedachten; sie hat in allem Endlichen die Endlichkeit aufzuzeigen und durch Vernunft die Vervollständigung desselben zu fordern." (Systemfragment, 1800) "Ein geflickter Strumpf ist besser als ein zerrissener; nicht so das Selbstbewußtsein." *Gulyga* : "Philosophie studiert nicht die ganze Welt, sondern die Welt als Ganzes." "In diesem idealistischsten Werk Hegels ist am wenigsten Idealismus, am meisten Materialismus." (*Lenin* : Konspekt zu Hegels Logik) "So fällt Religion und Philosophie in Eins zusammen; die Philosophie ist in der Tat selbst Gottesdienst, ist Religion, denn sie ist dieselbe Verzichtung auf subjective Einfälle und Meinungen in der Beschäftigung mit Gott. Die Philosophie ist also identisch mit der Religion."
(*G. W. F. Hegel* : „Vorlesungen über die Religion").

90

Menschliches Dadasein
ist dadagewesen

... aber Kreide fressen, bis die Stimme des Gewissens wie die Stimme des Herzens klingt? Dabei war er eher hartleibig als -herzig, er nahm teil an allem um ihn herum, wenn auch nur zum Teil. Mit der Lebenskompetenz haperte es, aber gekonnt tat er so, als könnte er mehr, auch vor sich selbst. Um sich von den Vorgesetzten in seinen Eltern und später von den Eltern in seinen Chefs zu lösen, löste er sich sogar noch von seiner ständigen Ablösung und Trennung von ihnen, ohne deshalb nun zu ihrer gebieterischen Fürsorge zurückzukehren. Wie viele andere Menschen wurde er nur damit fertig, mit diesem Paradox nicht fertig werden zu können, und blieb an seine stolzbeklommene Selbständigkeit zeitlebens heillos gebunden, was ihn nicht hinderte, sich im übrigen als bloßer Schnittpunkt von fast tausend ko(s)mischen Einflusslinien zu sehen, als wehrloser Schauplatz von Mächten, die sich in seiner, na, sagen wir, Person gerade ihr düsterschönes Stelldichein gaben. Was *mir* und was *mich* an einem einzigen Tage alles so passiert! Eine reine Durchgangsstraße dessen, was früher einmal Schicksal hieß, wollte er gegen seinen eigenen Willen vieles. An jedem Heiligabend verkleidete er sich für seine erwartungsangstfrohen kleinen Kinder sorgfältig als Weihnachtsmann und betrat die festliche Wohnstube mit immer denselben Worten : „ Hier ist Papi ! "

Sein Jüngster sagte ihm später auf seine Kopflosigkeit zu : „Vernünftig ist nicht, was der Vater tut, sondern Vater ist der, der vernünftig handelt." Peng.

Er liebte es, jedes Kind beim Schall und Rauch zu nennen, erkannte aber an : Es gab so etwas wie die Wirklichkeit, wenn auch nicht gratis, und mit ihr scheute er jeden Seitensprung, er blieb sich treu. Seine Philosophie ließ sich in wenige Wortlosigkeiten zusammenfassen : Wenn der Mensch dem Menschen ein Tier ist, dann deshalb, weil Gott für sich selbst ein Mensch und jedes Tier für das Mittier eine Pflanze ist, d.h die Pflanzen einander als Mineralien behandeln und der Stein dem Stein eben gar nichts ist.

In seinem Blut flössen zu viele Adern, zu denen er nie gelassen wurde, hieß es. Obwohl er sich oft vornahm, sich nichts vorzunehmen, mußte er sich doch immer wieder sehr anstrengen, sich ein bißchen zu entspannen. Die Probleme, die er zu haben glaubte, löste er, indem er sich neue aufhalste, die er nie hatte.

Andere Menschen konnte er leicht opfern, da er sich selbst für das geborene ewige Opfer hielt. Der Mensch hofft auf schöne Erinnerungen, also gedenkt er gern der schönen Hoffnungen seiner Jugend. Leider konnte unser Held nicht leben ohne Leute, die nicht ohne ihn leben konnten. Sein Leben brachte er damit zu, seine Kinder auf das Leben vorzubereiten. Auf ein Leben, das vermutlich darin bestehen würde, daß sie seine Enkel auf das Leben vorzubereiten versuchten, das ... dann eben niemand führen würde. Seine Kinder liebte er, weil er die Menschen nicht liebte. Kinderfeindlichkeit entsteht, weil niemand das kleine Kind liebt, das jeder vor seinem eigenen Chef ist.

Er lief noch immer in der Uniform der Jugend herum, in Jeans, Parka, T-Shirt mit albernen Aufdrucken, als er längst eigene Kinder hatte, die sich darin vor den Erwachsenen schützten. Wie ein jedes fortschrittswillige Bürgerkind verwechselte er seine freiwillige Selbstproletarisierung mit der Realisierung sozialistischer Ideen. Zuweilen versuchte er, zur Sache selbst und zu sich zu kommen, indem er nicht über Methodologie nachdachte. Es half nichts. Glaubte seine Frau, er halte sie für verrückt, sagte er : Verrückt an dir ist nur, daß du das glaubst. Immer wieder Selbstprüfungen gab es, also peinliche Fragen, hochnotpeinliche Selbstverhöre : Gibt es etwas Subjektiveres als die Ansicht, alles sei subjektiv? Oder etwas Objektiveres? Ach, dieses fruchtbare Grübeln, das nie seine Kinder fraß! Nur eines schien da gesichert : Alle Menschen waren gleich – weit voneinander entfernt.

Die Waschküchenmatronen seiner Kindheit, um deren Brüste er immer so gefürchtet hatte, an die sie den fast damit verschmelzenden Brotlaib preßten, um mit der anderen, messerbewehrten Hand davon einen *Ranken* für ihn abzusäbeln, sie fielen ihm ein, wenn er sich eine Scheibe seines amputierten Beines absägte und mit dem Daumen das Mittelknochenstück flugs herausdrückte, bis eine Art von fleischrotem Ananasring übrigblieb, den er aber nicht verzehrte, sondern sich übers *membrum virile* schob, um dessen Achse er das Beinfleischrädchen munter drehte, damit … nun ja, warum denn sonst das ganze Theater!

Demokratie? Nicht viel mehr als die Art, wie das Volk, ja, weniger herrschte als seine Herrscher wählte, d.h. sich selbst abwählte. Immer neue Selbsterfahrungen, um nicht über sich selbst nachdenken zu müssen. Bei einem Autor las er : „Nicht haben! Sein, sein, sein!" Ein anderer schrieb : „Nicht sein! Denken, denken, denken!" Er glaubte immer dem, den er jeweils zuletzt gelesen hatte. Erinnerungen an früher? Keine. Schließlich lebte er noch in der Vergangenheit. Aber damit soll nicht gesagt sein, daß der Held blöd ist. Er soll es auch nicht von sich sagen. Es muß sich zeigen, wie „Ludefick" Wittgenstein blödelte.

Mit den Jahren verstärkten sich also nur seine Schwächen. Nur für sie hatte er eine Schwäche. Er stellte sie eher aus als ab. Manchmal stand zwischen ihm und seiner geliebten Frau die böse Welt, ein an-

93

dermal stand zwischen ihm und der schönen Welt diese Liebe zu seiner Frau, aber das machte nichts.

Beim Blick auf Gräuelbilder von Drogenopfern und Todgeweihten in Illustrierten rief er nur: Wer hilft mir gegen alle, denen nicht zu helfen ist? So war er eben. Oder auch anders.

Um dort nicht nur den eigenen Stallgeruch seiner Stammesgenossen wiederzufinden, mied er die Ferne, und blieb lieber gleich zuhause, um das vertraute Kaff und Vaterland und -haus als exotische Fremde zu erleben. War das Materielle nicht ein bloßes Kompensationsgeschäft für die Unterdrückung geistiger Interessen? Mußte da der Geist der Materie beschworen werden, um die Naturhaftigkeit des Schädels zu beweisen? Nachdem die Jugend sich ihr Horn abgelaufen hat beim Joggen, ruht sie sich aus in Abrahams Schoß. Er machte weder Einnahmen noch sich einen Namen. Vergaß ich hinzuzufügen, daß er ein Schriftsteller war wie ich? Sonntagsschriftsteller nach Feierabend. Als Zettelwirt schlug er Kapitel aus seinem Elend, und hoffte zeitlebens vergeblich, einen vernünftigeren Grund zum Verzweifeln zu finden. Da er sich verwöhnt fühlen konnte durch Dinge, die verwöhnte Gemüter als Zumutung empfinden, war er ja zum Glücksichsein begabt, wertete aber sein Genie nie so richtig aus.

Angesichts des Unglücks blieb er als orthodoxer Kummernist stets unfaßlich gefaßt, bis eines Tages … aber warum vorgreifen auf etwas, das ja doch nie kommen wird?

Seine Frau war anders als er. Anders als eine Frau anders ist als ein Mann. Auch anders als ihre Freundin, ohne daß diese nun nicht anders gewesen wäre als er. Wenn gesagt werden muß, sie sei anders gewesen als er, dann auf andere Weise, als sie anders war als andere oder so.

Für sie sollte die Welt nicht in die Luft fliegen, bevor die Garantiezeit abgelaufen war. Da man
ihr nicht erlaubt hatte, Försterin und Jägerin zu werden, sondern nur Ackerbäuerin und Rindviehzüchte-
rin, schnitt sie sich wenigstens ihre Zielscheibe vom
Leben ab, wußte sie doch, daß Gottvater nicht auf all
unser Gottvertrauen vertraut.

Wer sie war? „Mutter Erde", sprich : Sie´de.
Eine dieser modernen Alchemistinnen, die das Golde-
ne Zeitalter schaffen, indem sie Porzellan zerschlagen.
Als eine Naturfreundin und Hohepriesterin aller Be-
wegungsspielraumpflegerinnen Niedersachsens schlug
sie sich ihren Kopf aus dem Kopf. Schließlich war sie
reich genug, ihren Ruf nicht zu ihrem Beruf machen
zu müssen. Ellbogenfreiheit! Gleichgültigkeit!

Höhere Vertöchterung aller geschlechterkrieg-
führenden Übermächte. Nieder mit der Brüterlichkeit
von Kain und Abel : Immer neue Intransparente auf
den Straßen. Sie aber forderte Freiheit von der Angst
vor der Freiheit. Will sagen : Als Genie genierte sie
sich nicht, Ingenieurin ihres Ingeniums zu werden,
basta. Sie lebte, als stürbe sie, ohne deshalb zu sterben, als ginge es an ihr Überleben. Ihre Probleme
schützten sie vor anderen Sorgen, da folgte sie ihrem
Gatten, wie es die Bibel verlangt. Einen anderen
Mann ansehen heißt noch nicht, die verdreckte Umwelt mit seinen Augen zu sehen, und das Böse in der
Welt läßt sich ja kaum angreifen, ohne das Gute mit
zu zerstören.

Ihr paranoider Egoismus diktierte ihr seltsame
Aussprüche, vor allem in guter Leistungsgesellschaft,
wo Schwermetalle in Kalten Büffets verpönt waren:
Alle verfolgen meine Interessen. Kurz : Sie hatte Erfahrung. Kurz : Sie machte keine Erfahrung. Schulden
zahlte sie durch Märchenerzählungen. Sie nannte das:
Meine Wunderbarzahlung. Ihre Losung : Ehe eher als

Kinder aus letzter Ehe, die die erste sein wird. Was immer das heißen mag. Sie liebte Selbsterfahrungen, damit niemand merkte, daß sie mit Männern gute Erfahrungen gemacht hatte, und lebte so aus dem Tag hinaus, warf mit Ratten auf Ratten, ließ wie die Päpste früher Sünden ab durch Dampf und schrie, wenn sie geliebt wurde: Der Höhepunkt des Liebens ist die männliche Form, sich die Frau von der Seele zu halten.

„Es ist wirklich unglaublich, wie nichtssagend und bedeutungsleer, von außen gesehen, und wie dumpf und besinnungslos, von innen empfunden, das Leben der allermeisten Menschen dahinfließt. Es ist ein mattes Sehnen und Quälen, ein träumerisches Taumeln durch die vier Lebensalter hindurch zum Tode, unter Begleitung einer Reihe trivialer Gedanken. Sie gleichen Uhrwerken, welche aufgezogen werden und gehen, ohne zu wissen, warum ..."
(Arthur Schopenhauer)

Sie sagte : Ich bin arm und dick und eine einsame Frau von vierzig Jahren. Und ich bin stolz und glücklich und intellektuell und begreife nicht, warum ich aus diesen Tugenden Nöte machen soll. Zu den Singles gehörte ich, bevor es die gab. Zu den Aussteigern gehöre ich nicht, weil ich nie eingestiegen bin. Aber auch beim jungbewegten Nichtmitmachen habe ich nie mitgemacht. Was heute die Besten unter den Jungen und unter den Älteren eint, die Besinnung auf friedliche Ökoexistenz, empfinde ich als so besinnungslos wie die Propaganda der Neuen Sinnlichkeit und andere schwachsinnige Harmlosigkeiten, die den Mangel an Gedanken verbergen müssen. Der einzige Charme der heutigen Jugend wäre ihre Resignation, wenn die nicht so selbstgefällig wäre. Diese Nichtigtuer sind die wahren Unwichtigtuer, d´accord.

Ich habe von Anfang an die berufliche Karriere abgelehnt, die mir offen gestanden hätte, ja, fast aufgedrängt worden war. Identifizieren können wollen sie sich heute mit ihrem Broterwerb! Die Arbeitslosigkeit fürchten sie, statt die Arbeit abzuschaffen. Meiner Arbeit und ihren Produkten soll ich entfremdet sein, sagen sie mir. Schön wär's ja, verdammt nochmal. Aber statt die verdammte Plackerei endlich ganz von Maschinen sich abnehmen zu lassen, gehen sie aufs Land, um den Achtstunden- durch den Zwölfstundentag zu ersetzen. Aber nun ist es *sinnvoll*, überschaubar und ganzheitlich! Als gäbe es in dieser Welt zu viele statt viel zu wenige Maschinen. Als wäre die Atombombe ein gutes Argument gegen Computer! Am Busen der reinen Mutter Natur wollen sie wieder liegen. Aber aus der rauen Materie will erst einmal eine Mutterbrust kunstvoll geformt sein, und sie wollen wieder ihr Leben damit hinbringen, das mit den eigenen Händen zu tun. Warum sehnen sie sich nach dem Schuften, die Schufte?

Linke Bekenntnisse ohne rechte Kenntnisse waren an der Nachtunordnung, der Friede war die Mutter aller Undinge und der Vater aller Dinge im Atomkrieg geblieben, hinter den jeder seine Unzulänglichkeiten versteckte. Sie fragte ihn : Muß ich mich ändern, um die ganze Welt ändern zu können — oder auch nur zu wollen? Er aber antwortete ihr nur: Siehe, die Welt muß geändert werden, damit du ein anderer werden kannst. Sie schrie: Wenn ich zwischen Gruppentherapie und Revolution wählen muß ... — dann kannst du gleich zwischen Neurose und Psychose wählen, ergänzte er sanft und böse: Wer nicht gefällt werden will, der lasse sich, fallen, und wer A sagt, muß auch Aaaaah sagen, und mit schlechter Literatur werden bessere Gefühle gemacht, denn nur das Lesen schützt vor dem Leben. Ich sage dir, oh Weib:

Ochsen sind es, die den Stall des Augias säubern, und Gastarbeiter machen Arbeiter zu Bürgern, und wer links ist, befindet sich in schlechter Leistungsgesellschaft. Und wer seinen Finger am Abzug der Amerikaner aus Deutschland hat, tut sein Unmenschenmöglichstes, eine Halluzination zu seiner Nation zu machen und ... Und verdammt sei, wer sich von seinen Herren anhört, was er zu sagen hat, und es liegt in der Luft, aus der es gegriffen ist, daß, wer zwischen Lastträger und Kulturträger zu wählen hat, das letztere wählen wird, da die letzteren die ersteren nicht sein werden, und es steht nicht geschrieben, daß einer auf Kohlen sitzt, der etwas besitzt, und eine rosarote Brille trägt, weil er überall nur rosa Latzhosen sieht, denn wahrlich, wahrlich : Ich sage dir, ich will weniger etwas mehr haben als der Welt vorwerfen dürfen, sie sei ungerecht.

Und da war so viel Wut im Bauch, und Zorn stieg zu Kopfe und Schamröte ins ungewahrte Gesicht. Er schlug sich an ihre Brust und sie ihm auf den Magen, und er nahm sie auf den Arm und sich zu Herzen, und die Augen gingen ihnen über, in die sie sich faßten, und sie faßten sich jeder an die eigene Nase, die sie füreinander hatten, und nahmen sich in die Hand und in den Mund und hatten einander am Hals und im Genick und hüteten sich wie Augäpfel, um sich die Haare vom Kopf zu fressen, die zu Berge standen, denn ich sage euch, und das fasset nicht jedermann : Der Mensch denkt nicht nach, sondern er hat seine Gedanken, und Gedanke ist der Hinterwelt Lohn, und Gott sei Gedanke!

+ + +

98

Zwischen Kabinett und Kabarett

> „Es genügt nicht zu schreiben,
> man muss auch Unrecht haben." *(Voltaire)*

„Für die Philosophen leben wir in einer Welt, die man durch langatmige Reden verständlich machen muss. Für ein Universum aus zwei Sätzen hat keiner von ihnen Verwendung." *(William James)*

Der Eine Gott hat dreimal mit anderen Worten dasselbe gesagt. Nun schweigt Er, nicht wie die Mehrheit.

„Seher" hießen Blinde, die überall anecken.

Machen Papierbeschmierer reinen Schreibtisch?

Die einen bestreiten,
dass andere die Lebensunterhaltung bestreiten.

Künstler nehmen sich viel Zeit,
die ihrer Kunden totzuschlagen.

Kleine Fische. Frei ist nicht mal die Wahl
zwischen Angelwurm und Fangnetz.

Bau deine Luftschlösser, doch nicht noch auf Sand!

Wer Bewusstsein hat von allem, was kein Selbstbewusstsein hat, hat sowohl Selbstbewusstsein als
auch keines und weder Selbstbewusstsein noch keins.
(Hat er selber Selbstbewusstsein nur als Bewusstsein
von allem Selbstbewussten?)

Sachliche Worte bedeuten eher Tatsachen als Untaten.

Kosmos : kapiertes (ungekapertes) Chaos ohne k.o´s.

Aufrechter Gang steht oft nur stramm, auch vor sich.

Aphorismen sollten kürzer sein als Kunst und Leben.

Die Bevölkerungsexplosion stammt
nicht von Selbstmordattentätern.

Die Weisheit reicht nicht für alle Uni-Philosophen.
Und wie viele Menschen kennen Menschenkenner?

Eine ehrliche Haut entschädigt schon nicht mehr
für unreine Haut.

Die Brust will sich brüsten, die Hand will handeln,
der Kopf will köpfen.

Der Wetterhahn macht viel Wind um sich.

Wie oft lässt Er es urknallen, bis ewige Ruh´ einkehrt?

An den Erdpolen kann jeder die Einheit
seiner Innen- und Außenwelt erleben.

Du erziehst deine Kinder so,
dass die Enkel dich mehr lieben.

Glauben nur Gott und Satan noch aneinander?
Doch Er ist Fleisch geworden und isst keins.

Heady? Der Sinn des Handy ist es, weltweit Schwachsinn statt abhörwürdige Gedanken auszutauschen.

Erdbebenliebhaber sind die wahren Naturfreunde.

Smarte Leute verkaufen überwachte *Dullphones* als
„Smartphones", die im Rennen quasselnd surfen.

Linke Bürger vergessen leicht,
dass sie für ihre eigene Enteignung kämpfen.

Kunst : Mutter und Tochter der Langeweile zugleich.

Man denkt nicht stets ans Geld. Nur, *wenn* man denkt.

Du hältst dich für einen ganz gewöhnlichen Menschen
der sich für außergewöhnlich hält.

Freudlos grau. Ist es weiser,
gar nicht weise werden zu wollen?

Zeit ist sozial. Oberschicht denkt stets an gestern,
Unterschicht an heute und Mittelschicht an morgen

„Uhren sind Wolken." *(Sir Karl Popper)*

„Es ist wirklich unglaublich, wie nichtssagend und bedeutungsleer, von außen gesehen, und wie dumpf und besinnungslos, von innen empfunden, das Leben der allermeisten Menschen dahinfließt. Es ist ein mattes Sehnen und Quälen, ein träumerisches Taumeln durch die vier Lebensalter hindurch bis zum Tode, unter Begleitung einer Reihe trivialer Gedanken. Sie gleichen Uhrwerken, welche aufgezogen werden und gehen, ohne zu wissen, warum ..."
(Arthur Schopenhauer)

„Lachen soll man und zugleich philosophieren." *(Epikur)*

Bösewichte sind gut im Schlechtsein,
Gute seien schlecht im Begütertsein.

Alltag & Tagtraum. Im Westen leben freie Menschen,
d.h. orient(ierungs)lose.

Sind Allgemeingültigkeitsversuche besonders zeit-
bedingt und nur ephemerste Alltäglichkeiten zeitlos?

Gegenwelten sind eher Traumwelten als Gegenmächte

Man arbeitet auch in der Freizeit.
Ich dichte auch in der Arbeitszeit.

103

Gottfried Benn und Arno Schmidt : Poesie und Prosa
als Flucht vor der Welt in den Geist.

Der natürliche Nutzen von Kultur liegt darin,
praktisch unnütz zu sein.

Der Kapitalismus selbst geriete in die Krise
erst ohne ständige Krisen.

Nur dichtende Arbeitslose wären Bürger erster Klasse.

In Künsten sucht die Unterschicht eher Komödien,
die Oberschicht Tragödien, die Mitte Tragikomödien.

Wer mit Engeln rechnet, findet Teufel;
wer mit Teufeln rechnet, findet Leute.

Sozialismus? Gibt es nur ohne Sozialstaat.

Gibt es noch richtige Männer, die weder Geld noch
Kinder machen wollen, fragen emanzipierte Damen.

Alte haben so viel gesehen und wissen so wenig,
anders als Kinder.

Öffentlichkeit ist das Schweigen der Mehrheit
unterm Notgeschrei der Mitte.

Ohne Unterschied zur Unterschicht
kann der Unterdrücker nicht von ihr leben.

Wer die Welt auf Körper reduziert, vergisst Leiber;
wer sie auf Rationales reduziert, vergisst Geistiges.

Du lobst an mir nur Stärken, die du brauchen kannst.

Denker wirken tief, wenn sie den Boden der Tatsachen unter ihren Füßen unergründlich finden.

Das *Licht der Vernunft* leuchtet nicht dem,
der sie in Brand steckt.

In vino veritas : Im Weinetikett liegt Wahrheit?

Wirft die *Wegwerfgesellschaft* die Gesellschaft weg?

Man projiziert auf undurchdringliche Wände
Bilder von dem dahinter.

Gute Worte verschwinden im Meer der überflüssigen
wie unfähige Schurken im Meer der zu allem fähigen.

Verkettet und vernetzt? Aphorismen reißen in Stücke,
was andere in Zusammenhänge rissen.

Autoren geht irgendwann der Stoff aus,
der in Form einging, die in Lesestoff eingeht.

Es gilt als üble Sitte, auf besseren zu bestehen.

Für die brennenden Fragen der Zeit
wird der HErr keine Sintflut mehr schicken.

Die Hälfte der Menschheit lebt schon in provinziellen
Mega-Cities und lässt die Popkultur im Dorf.

Selbstbetrug ist sein eigener straffreier Lohn.

Gott schuf die Welt, Sein Ebenbild sich die eigene.

Kommt das Leben zu kurz, lebt man immer länger.

Klassisches ist unsterblich, Romantisches originell.

Was Krach macht, macht noch kein Licht.

Fortpflanzung vermehrt oft nur vervielfältigte Einfalt.

Freiheit von Meinungen, Gleichheit von Meinungen,
brüderliche Teilung der Meinungen, nie des Meinigen.

Zur Höflichkeit gehört es, maskiert aufzutreten:
Nackte Wahrheit ist rücksichtslos grobschlächtig.

Boote des Schweigens : Mikroships der Tarnklappe.

Der Praktiker legt Hand an – dich.

Überall steckt noch Poesie. Außer in Lyrikbänden.

Weide meine Lämmer, meide deine Neidhammel!

Seltenes wirkt seltsam. Schriftsteller wurden umgänglich umgangene Beinsteller.

Männer haben kaum noch Vaterwitz.

Ein gutes Auge ist blind für Wände und Masken.

Ärzte raten allzu Sesshaften wenigstens beim Lesen zu leichter Kost und dem Tod mehr davonzurennen.

Popmusik : Ouvertüre zur Marschmusik von morgen.

Der Künstler nimmt sich nicht mit ins Grab, er nimmt sein Groschengrab mit in sein Werk.

Man zerbricht sich den Kopf über das,
was man sich in den Kopf setzte.

Übervölkert ist nur die Hölle, von allen,
die in den Himmel auf Erden kommen wollten.

Der Kopf kann aus der Haut in den Himmel fahren.

Kunst-Anzeige : Konfliktstoff sucht Konsensform.

Der Arme legt Hand an; der Reiche handelt damit.

Was auf der Hand liegt, lässt sich selten begreifen.

Gewissenlose machen gern Gewissensbisse.

Religion ist lange nicht mehr das Jüngste Weltgerücht.

Ein falsches Leben richtet sich gern darauf,
das richtige zu richten und abzurichten.

Lieber sich selbst als die Welt zu verändern,
riet uns Descartes. Genforscher schaffen beides.

Ein gebrochenes Wort setzt ein gebrechliches voraus.

Geflügelte Worte : Gestutzte Gedanken.

Studierstubenrein. Autoren müssen sich verschreiben,
immer mal wieder, doch nicht der Wahrheit.

Aufrichtiger Kriechgang wird nie hinfällig.

Lakonisch sind nicht einmal deutsche Kommandos.

War der Paradiesgarten vielleicht ein Gottesacker?

Die freie Welt schlägt ihre Freizeit mit verschwitzten
Beschäftigungstherapien in Fitness-Centern tot.

Der freie Schriftsteller sitzt in seinem Luftschloss fest.

Verloren ist, wer nie verloren hat;
verloren hat, wer alles wiederfindet.

Auch brennende Fragen löst man.
Man löscht sie mit Erfahrwasser.

Wer toleriert sein will, toleriert immer nur Leute,
die nur seine Toleranz tolerieren.

Elfenbeintürme bieten gute Aussichten
auf eine gute Aussicht ins irdische Jammertal.

Man stürzt sich verzweifelt vom Elfenbeinturm –
ins große Getümmel.

Hat der Elfenbeinturm eigentlich auch einen Keller?

Wer nicht gehetzt und verletzt, belästigt und behindert
wird, fühlt sich schnell vereinsamt.

Die Kunst, sein Ende hinauszuschieben, ist die Kunst,
seine Ziele als letzter zu erreichen.

„Des Alters Kurzschrift üben" (*Martin Walser*)

Wer dem Kerker entweicht,
findet sich im Lager seiner Todfeinde.

Der durchschnittliche Lebensweg führt vom Genie
übers Talent zum Schwachkopf, der sich genial dünkt.

Man kann auch Moses und Marx
immer noch den Mund verbieten.

Wer selber denkt, dass er sich nicht selber lenkt,
denkt nur nach, dass alles schon gedacht wurde.

Philosophien sind keine Denkmäler für Denkanstöße.

Ich denk's, also bin ich's. Digitalisierte spielen
erst „Warcraft" und führen dann *Cyberwar*.

Liebe deine Feinde – durch deine Misserfolge.

Teilte Adorno mal *Walter Serners* „Pfiff aufs Ganze"?

Mmmeinungsfreiheit 2000 : frei von Orient(ierung)
und frei für Massenwahn (z.B. Ökologismus).

Die eigene Meinung ist hierzulande frei –
von Wahrheit(skriterien).

Religionsfreiheit ist hier längst frei von Religion.

Das zweifelhafte Individuum besteht darin,
dass alles Individuelle gewiss ständig vergeht.

Auch *Quickies* können Lebenslängliches zeugen.

Kein Urteil ist ein Freispruch.

Seid ungerecht gegen Gerechtigkeitslehrer!

Ich kann nichts machen. Also tu ich zu viel.

113

„Schreiben ist die Strafe dafür, dass man nicht lebt." „Die Wahrheit ist so, dass sie überhaupt nur mit religiösen Kategorien gesagt werden kann." „Alle sozialen Bedingungen negieren den Menschen bis jetzt. Die besten Vorschläge für die Aufhebung dieser Negation hat bis jetzt das Christentum gemacht. Die zweitbesten vielleicht der Marxismus. Weitere Vorschläge sind dringend erwünscht." „Den Sinn kann man nicht machen." „Unsterblichkeit ist aus Papier." (*Martin Walser* : „Tagebücher 1974-1978")

St(er)il. Begreifen, Zugreifen und Ergriffensein immunisieren gegeneinander.

Kompliziert ist etwas nur, wenn Sätze und Gegensätze darüber zugleich wahr sind.

Wer viel leidet, handelt. Wer weniger leidet, schreibt. Wer zu viel leidet, der schweigt. Wer zu wenig leidet, jammert.

Versteck dich im Wort; stell dich tot in Feststellungen

Gib mir die Schuld, und alle bemitleiden mich.

Ist Selbstkritik immer Selbstironie?

114

Anstößig wird es erst jenseits der „Denkanstöße".

Spruchbeutelschneider. Vom Laufgitter
über *Nordic Walking* zum Krückengreis.

Milch verschütten, Löcher zuschütten,
erschüttert werden, sich ausschütten vor Lachen
und nicht verschüttgehen, lieber *Schütt*!

Nie Leid und Schuld und Tod zu vergessen,
ist auch eine Art, sie zu verdrängen.

Haltbare Bücher unterhalten nicht.

+ + +

„Gerade der Menschenführer, der die Naturgesetze exakt
Nutzende, was wäre er ohne das Paradox? Die Bücher sind
die Reservate der Paradoxie in unserer von Zwecken ver-
wüsteten Welt ... Auch die Aktionäre brauchen die Rege-
neration im Paradoxen." (*Martin Walser*: „Tagebücher
1974 - 1978", Frankfurt/Main 2010, S. 484)

Lob der Schmalspur

Experten auf welchem Gebiet auch immer genießen gemeinhin einen zwiespältigen Ruf. Einerseits gelten sie, auch unter Berufskollegen, als kompetente Schiedsrichter in allen die Öffentlichkeit interessierenden Fragen, weil ihnen zugetraut wird, auf ihrem Fachgebiet den anerkannt letzten Stand der seriösen Forschung zu vertreten. Andererseits stehen Berufsspezialisten im Generalverdacht, als scheuklappenbornierte Fachidioten ihren *déformations professionelles* zu erliegen und den gesundem Menschverstand der Normalverbraucher samt Überblick über die größeren Zusammenhänge verloren zu haben.

Aber auf mindestens einem einzigen, noch so winzigen Teilsegment des menschlichen Wissens und Könnens sollte jeder Mensch, der Wert darauf legt, ein gebildetes Mitglied seiner Kulturgemeinschaft zu sein, lebenslang wenigstens versuchen, den jeweils jüngsten Forschungsstand im Kopf zu haben und auf Anfrage wiedergeben zu können. Auf allen anderen Gebieten des Lebens darf auch ein Spezialist, Experte für ein beliebiges Wissensgut, mehr oder weniger Dilettant sein wie seine meisten Mitbürger auch. Und man sollte nicht nur wie jeder praktische Arzt wenigstens einmal im Leben, nämlich beim Verlassen der Hochschulen, den Fachwissensstand seiner Zeit intus haben, sondern ihn durch ständige freiwillige Weiterbildung zu erhalten suchen bis zum Ende seines Berufslebens oder darüber hinaus.

Sollte es dabei eine Hierarchie des Wissenswerten geben, also gesellschaftlich mehr oder weniger anerkannte Relevanzgrade der Fachgebiete? Wirklich erschöpfende Comic-Kenntnisse sind vielleicht weniger anerkennenswert als ein umfassendes Wissen über Neutrino-Detektoren oder die Geschichte des Aphorismus. Dieser Status eines „Schmalspurexperten" ist auch und gerade für Freizeitautodidakten erreichbar und sinnvoll. Dabei ist es nicht notwendig und nur für die wenigsten möglich, irgendwo die Forschungsfront selber etwas hinauszuschieben, aber doch höchst befriedigend, das angehäufte Wissen der Menschheit wenigstens an irgendeinem Punkt oder noch so schmalen Abschnitt zu beherrschen statt zu erweitern.

Nicht jeder Gebildete kann ein begnadeter Neuland-Wissenschaftler sein, mit dessen Namen eine originäre Entdeckung oder Erfindung verbunden ist, aber wäre es für jeden nicht schön und erstrebenswert, alle bisherigen Entdeckungen und Erfindungen auf irgendeinem noch so begrenzten Spezialgebiet der Kultur gründlich zu kennen und auch einschätzen zu können – innerhalb einer soliden Allgemeinbildung? Wer auf gar nichts spezialisiert ist, ist auch nicht allgemein gebildet. Ein Spezialist ist ein Gebildeter, der von immer weniger immer mehr weiß und von allem gar nichts?

Für den, der zweifelt, gibt es Vorbilder. *Goethe* war ein literarischer Olymp und zugleich ein umstrittener Naturforscher (der seine „Farbenlehre" gegen Newton für bedeutender hielt als seinen „Faust"). *Ernst Jünger* war ein ebenso anerkannter Schriftsteller wie Käferkundler (Coleopterologe) gewesen. *Vladimir Nabokov* war ein wirkmächtiger Romancier und zugleich fachlich anerkannter Hobby-Lepidopterologe … etc.

+ + +

117

Archipel Mensch :
Gesellschaft als große Inselgruppe?

„Niemand ist eine Insel", lautete vor einem halben Jahrhundert ein Trivialroman von Johannes Mario Simmel., verfilmt 2011. Das war ein Zitat : „No man is an island, entire of itself; every man is a piece of the continent, a part of the main." (Metaphysical Poet John Donne : "Devotions", Meditation XVII).

Drogen-"Eiland" war 1962 das utopische Gegenstück von Aldous Huxley zu seiner berühmteren Dystopie "Brave New World" (1932). Jedermann ist eine Halbinsel, sagt jeder Pinsel, und Sloterdijk nannte einen alleinlebenden philosophischen Insulaner den „Kontinent Hermann Schmitz".

Eine Insel ist ein ganz von Wasser umgebenes Land, das im Allgemeinen kein Kontinent ist. Für manche Menschen ist sie ein Traumort, für andere ein Alptraumort, entweder Zuflucht oder Verbannung. Dort will mancher mit Menschen seiner Wahl ungestört allein sein, aber deshalb nicht von allen guten Geistern verlassen. Eine Insel kann im Pazifischen Ozean liegen, aber auch mitten im tosenden Häusermeer einer Großstadt oder im Tränenmeer tödlicher Verluste und Verletzungen. Psychologisch schillert sie zwischen bitterer Isolation und seliger Sicherheit.

118

Aber gibt es nur raumzeitlich ferne Utopien und Dystopien der Insel oder nicht auch Idyllen, die hier und heute jederzeit möglich sind und stets greifbar bereitliegen? Für Virginia Woolf war 1929 „A Room of One´s Own"" schon eine idyllische Insel der Frau im patriarchalischen Weltmeer.

Es gibt viele Bildwitze von der winzigen Palmeninsel der Schiffbrüchigen, die den vorbeifahrenden Schiffen verzweifelt zuwinken, um gerettet zu werden, oder die endlich am Ziel ihrer Sehnsüchte zu sein scheinen, möglichst allein mit einem Traumpartner, der niemals mehr weglaufen oder einem genommen werden kann. Jungen lasen früher die aufgeklärte „Insel Felsenburg" von Schnabel. Der Aufklärer Daniel Defoe erzählte die erfolgreiche Robinsonade, wo ein Großstadtbrite, aller gewohnten Hilfsmittel der Zivilisation plötzlich beraubt, mit Intelligenz und Umsicht auch in dieser Wildnis zu überleben weiß – und sogar vorbildlich besser als in überzüchteten Hochkulturgesellschaften.

Man flüchtet **auf** einsame Inseln vorm Untergang im Menschenmeer oder **vor** einsamen Inseln auf bewohnteres Festland. Misanthrop Schopenhauer fand in gelehrtem Müßiggang, geistiger Arbeit um ihrer selbst willen, seine „feuerfeste Kammer inmitten der Hölle" der Welt, wie er sie sah – neben Nietzsche nicht umsonst der Lieblingsdenker vieler Künstler.

Jeder Künstler bewohnt im Meer des gesellschaftlichen Grauens die Insel oder Halbinsel seines Werkes, an dem er gerade s(chw)itzt, und kein Mensch, der in seiner Klause ein Buch schreibe, könne ganz unglücklich sein, schrieb zwischen Klassik und Romantik der satirische Idylliker Jean Paul. (Er hatte außerhalb Bayreuths seine geliebte „Rollwenzelei".) Ist die Inselbegabung eines idiot savant auf Kosten alles und aller anderen eher ein Geschenk oder ein Fluch?

Der nobelpreisgekrönte Chaosforscher Gerd Binnig fand heraus, dass nur überlebt, wer und was sich isoliert. Wie eine Insel im Meer oder auf ihr. Heute allerdings geht man lieber in Gemeinschaften auf und unter, in Herden, Horden und Rudeln, um nicht auf der Insel seines stillen Kämmerleins elendiglich zu verrecken – aus Schüchternheit oder Bindungsunfähigkeit, Pech oder Langeweile. Elfenbeintürme und andere „Inseln der Seligen" werden diskriminiert als giftige Idyllen des Ohnemichel.

Frisierte Motoren, unfrisierte Gedanken

Was bei Männern als betont männlich gilt,
gilt bei Frauen als recht unweiblich: Bärte im Gesicht.

Wo das eine liebevoll geschnitten und gepflegt
wird, wird das andere möglichst mit der Wurzel aus-
gerissen. Wird um die Kaisers Bart erbitterter gestrit-
ten, als beim Barte des Propheten feierlich geschwo-
ren? Wer jemanden keck am Barte zupft, will dessen
statuarische Würde verletzen, ihn herausfordern und
lächerlich machen, doch wer dir um den Bart geht,
will dir Honig ums Maul schmieren, um dich auszu-
nehmen. Rauschbärtiger Vollbart oder feingestutztes
Menjou-Oberlippenbärtchen, kitzelnder Schnurrbart
oder Kaiser Wilhelms himmelweisender Zwirbelbart?
Wie oft soll der herrisch herrliche Haarteppich wohl
eine hässliche oder kindliche Visage verdecken? Per-
manenter Dreitagebart spiegelt fast künstlerische Un-
gezwungenheit vor, doch Nassrasur plus schnittige
Sturmfrisur veredelt unsere tierische Natur fast zur
Kultur, selbst beim Haushund und Schweinehund.

Frauen gehen zum Frisör im Frisiersalon, Damen
zum Coiffeur oder Haarstylisten. Sie umsorgen ihr
wallendes Haupthaar so hingebungsvoll wie Männer
ihre wuchernden Bärte und polieren spiegelnde Glatzen eher um den roten Mund, als wie Männer auf dem
kahlen Kopf. Aristokraten trugen einst standesgemäß
gepuderte Perücken nicht nur auf Glatzen, sondern

auch auf intakten Kopfhaaren, und verdeckten so die Male allgegenwärtiger Syphilis. Zofen frisierten die Vornehmen täglich stundenlang. Geschickte Toupets müssen heutzutage ersetzen, was Alter und Chemotherapien uns an äffischer Behaarung rauben. Volle menschliche Ganzkörperbehaarung gilt heute allerdings als übertriebener Beweis darwinistischer Abstammungstheorien.

Ein unerschöpfliches Reservoir an zweideutigen Anspielungen und derben Zoten ist die genitale Haarpracht beider Geschlechter. Hier bevorzugt die bessere Hälfte inzwischen pudelnackte Glatzen, wo die „Schweinepriester" eher jede toxisch virile Löwenmähne als wildes Potenzversprechen erotischer Attraktivität deuten. Ob es auch Rektalhaarfrisuren gibt, entzieht sich üblicher Allgemeinbildung. Misanthrop Schopenhauer, der glattrasierte Lieblingsphilosoph aller Künstler wie Schnauzbartträger Nietzsche der Dauerfavorit aller Pubertierenden, verurteilte alle Barttracht als rohes „Geschlechtszeichen im Gesicht".

Vom Barthaar und vom Haupthaar ist nicht auf den Kopfinhalt zu schließen, doch je mehr Sorgfalt gemeinhin auf die Haarpracht ver(sch)wendet wird, desto weniger wohl auf den Kopf darunter, darf auf diesem unsicheren Felde mal als erste lockere Faustregel gelten. Lieben Sie hochgetürmte Frisuren oder flach an den Schädel gegelte Strähnen, eine schmissige Tolle oder eher tolle Dauerwellen, gar Kräuselllook unter Brennscheren, und wer frisst Ihnen die fettverstrubbelten Haare vom Kopf?

Eitelkeit heißt, auch die letzten drei Haare auf dem Kopf von Fachmann frisieren zu lassen.

Kunstvolle Hochfrisuren dürfen chemo-technisch windgefestigt werden. und viele Frisuren sollen den Charaktertyp unterstreichen. Finsterer Blick überm Gelehrtenbart neben verheißungsvollem Rätselblick durch dichten Haarschleier, kameradschaftseheliche deutsche Strupphenne wandert im eis(en)grauen Kurz-haarschnitt, oder Lady Godiva reitet nackt im Ganz-haarkleid durch die Stadt. Manche Kopffrisuren er-lauben nur gemessen stolzierendes Schreiten, andere verführen zu ausgelassenstem Herumtoben.

"Mit diesem wirren Haarstroh lässt sich nichts an-fangen!" Das schreit verzweifelt nach Expertise und hochpreisiger Künstlerhand. Muss man tüchtig Haare lassen oder nur den Nacken ausrasieren? Frisuren murmeln sich was in den Bart.

Sogar flotte Mädchen tragen inzwischen Bubikopf, Pilzkopf, Pagenkopf und militärischen Bürstenschnitt im Unisex-Look. Auch coiffierte Kerle tragen schon kesse Gretchenfrisuren mit ausblondierten Zöpfen, schwungvollen Pferdeschwanz bis hinab zum Hintern oder strengen Duttknoten, vormalige Erkennungszei-chen des schönerer Geschlechts oder einer Domina ohne High Heels. Man lässt sich teuer frisieren wie den Motor seines PKW, um beides hochtouriger zu trimmen und mehr Eindruck zu schinden bei Neben-buhlern wie erkorenen Liebesobjekten.

"Gentlemen prefer Blondes" hieß ein erfolgreicher US-Film von 1953. Also erstreckt sich Schönfärberei regelmäßig auch auf den Kopfputz und dessen erotische Dauermythen. Der Symbolist Charles Baudelaire färbte seine Haare grün wie die Natur, die er verabscheute. Das Altersgrau(en) wird oft eitel geschwärzt, bevor der Greis sich mit seinem haarigen Silberweiß abfindet, das Greisinnen sich gern mit schelmischen Violettstreifen veredeln. Nur ein Einstein konnte es sich leisten, Friseure seit seiner Kindheit zu hassen und lebenslang zu meiden.

„Ein Feuilleton schreiben heißt, auf einer Glatze Locken zu drehen", schrieb Karl Kraus ohne viel Beißhemmung, wollte die journalistisch verhurte Sprache wieder zur Jungfrau machen und warf dem Lyriker Heinrich Heine vor, der Sprache feuilletonistisch das „Mieder gelockert" zu haben, so dass nun „jeder Commis an ihren Brüsten herumfingern" könne.

Heines „ungekämmte" Einfälle wurden beim polnischen Satiriker Stanislaw Jerzy Lec (1909-1966) am Ende zu etwa 2500 „Unfrisierten Gedanken" (zuerst 1959), die während der politischen Tauwetterperiode des Kalten Krieges in der BRD ungewöhnliche Beliebtheit und vielzitierte Berühmtheit erlangten – mit treffenden Übersetzungen sprachlicher Volltreffer durch den kongenialen Karl Dedecius. Lecs besonders hochverdichteten Sentenzen und ihren Lesern stehen gern die ungebändigten Haare zu Berge.

„Unfrisierte", aber umso kunstvoller gefeilte und polierte aphoristische Sarkasmen auf die stalinistische Zeit im Ostblocksozialismus und seine totalitären Militärdiktaturen, aber auch auf den modernen Zeitgeist überhaupt, das "stählerne Gefängnis moderner Zivilisation" (Soziologe Max Weber) selbst in freisinnigsten Westdemokratien ...

Knallerbsen statt Kanonenschläge

„Der Kunde ist König", ein Konsumgut das Fallbeil.

Ein Lebensschifflein, das dahindümpelt, schaukelt nur etwas, ohne zu (sch)wanken und zu kentern.

Es ist alles gut, sagt der Bösewicht.
Alles Scheiße, sagt der Bessermensch.

Ein Mandat ist ein Amt oder Auftrag, das meist mehr kostet als es einbringt; und ein Mandant heißt so, weil er sich seinem Mandatsträger in die Hand gibt.

Der freieste Existentialist ist der stille Gelehrte.
Aktivist Sartre war so frei, niemals zu existieren.

Vogelfrei denken : Fliegen und Siegen im Liegen, Widersetzen ohne Besitzen und Verstand als Widerstand ohne Wohlstand und Mittelstand.

Aphorismen fliegen wie freie Vögel. Philosophen sind ihre Vogelsteller wie Jets ihre Todfeinde.

126

Lebenserwartung. Wer sein Haltbarkeitsdatum
zu weit überschreitet, wird ungenießbar giftig.

Das Interessante ist ungewiss und das Beweisbare
langweilig. Deshalb leben Gemüter ungemütlich.

Philosophie sollte durch Aphorismen poetischer
und Literatur durch Essays philosophischer
werden. Jean Paul und Musil exzellierten darin.

„Tand, Tand ist das Gebilde von Menschenhand"
und setzt jedes Land mit Schand in Sand oder
Brand. Der Rest ist Tändelei am Rand der Wand.

Gott wurde Mensch, aber nicht Kirche,
und vermenschlichte sich in Christus,
statt im Pfaffen zu vermenscheln.

Vetternwirtschaft ist das Zeichen intakter Groß-
familien, doch Konzerne und Staaten sind eher
Singles als Familienunternehmen.

Moderne Zeiten brauchen kein Gedächtnis:
Heute und morgen ist ohnehin alles besser
als gestern. Fortschritt ist Demenz.

Trinität. Übersteigt der Menschensohn
die Gemeinde wie der Vater den Sohn?

Wertfreie Wissenschaft wurde dachschädlich
wertlos, seit sie sich nützlich und teuer machte.

Nach härteren Gesetzen rufen besonders die
Krimi-Fans. denen die vielen realen Untaten,
Leichen und Mörder noch nicht genügen.

Eicht man Urteile an Realien durch Labor-
messungen oder vermessene Geistesblitze?

Der Zerfall der Weltreiche in Nationen und sepa-
ratistische Kleinstaatereien ist keine Verfeinerung
der Masse in Individuen – aber wahrscheinlicher.

Die Stimme der wirklichen Natur spricht nicht
mehr direkt oder durch Physiker, sondern nur
noch durch begeisternde Kunstwerke hindurch.

Du bist eine Kippfigur zwischen Affe und Engel
in einem Wimmelbild, Gehirn als Gestirn, Scherz
und Schmerz als Herz, Bild und Begriff in Stein.

Wittgensteins „Sprachspiele" bedienen sich der
Wortspiele des Aphoristikers, um gegen dessen
Herrschsucht den Anspruch des Angesprochenen
geltend zu machen, bis hin zum Kalauer. Um die
Sache selbst sprechen zu lassen, ließ Hölderlin die
Sprache selbst sprechen, schrieb Adorno. Auch im
Denken empfiehlt sich die *parataktische Reihung*
isolierter Sentenzen gegen totalitäre Kontexte.
Der Aphoristiker lässt die Sprache, statt sie zu
beherrschen, über seinen Machtwillen herrschen.

Seit zwischen mir und der Natur die technische
Naturwissenschaft steht, beschränke ich mich auf
landschaftlich Naturschönes. Seit zwischen mir
und anderen die überaus sozialen Apparate stehen,
beschränke ich mich auf Vieraugengespräche.
Seit zwischen Gott und mir die Theologien und
Kirchen stehen, beschränke ich mich auf Gebete.

Philosophie als System von SystemsprengSätzen?
Gnomisches Ideal ist der multiple geistige Orgas-
mus – wie Sexklimax der leibhaftige Aphorismus.

Gute Zensur im Staat vergibt und bekommt
schlechte Zensurer.

Ist es gesellschaftliche Gnade, uns überleben
zu lassen, obwohl sie uns längst verdinglicht hat?

Ist es nur subjektiv, dass alles nur subjektiv ist?

Dialektik : An der Grenze zu mir beginnst du
nach innen und endest du nach außen.

Künstlerische Bilder, moralische Vorbilder,
logische Formeln, wissenschaftliche Begriffe,
praktische Angriffe, philosophische Ideen,
religiöse Hypothesen, Mythen und Riten?

Laut Kant gehorche ich paradox mir selbst nur,
wenn ich allgemeiner Vernunft gehorche und
nicht meinen eigensten Neigungen.

Hatten wir nur Recht auf Pflichterfüllung
und haben nun Pflicht zur Wunscherfüllung?

Muss nur ein Zerrissener in zerrissenen Aphorismen denken, oder gilt Nietzsche als zerrissen,
weil er mit zu vielen Hämmerchen philosophierte?

Haben wir Aphorismen, um nicht an Bezugs- und
Gesellschaftssystemen zugrunde zu gehen, oder
umgekehrt gesunden Menschenverstand, um nicht
an Gewittern von Geistesblitzen irre zu werden?

Wäre Freiheit ein komplettes System
aphoristischer Ideen?

Hegel verficht wie Kant das Recht nur jener
Individualität, die sich vernünftig frei verhält,
gegen ein Individuum, das nur seinen Interessen
gehorcht und sich von seinen Trieben treiben lässt

Wer nicht viel Böses getan hat, hat noch lange
nicht genug Gutes getan, um nicht jederzeit die
Todesstrafe verdient zu haben, heißt es.

Je mehr Gutes du tust, desto weniger genügt das,
dich zu rechtfertigen – nicht mal zur Vergebung.

Wären wir schon erfolgreich verdinglicht, müsste
man uns nicht totschweigen und mundtot machen.

Der Aphorismus macht sich klein, um dem Lauf
der Welt ganz Recht zu geben, und widersteht nur,
indem er sich (an)klaglos geschlagen gibt wie ein
Kafka oder R. Walser. Entmythologisiert man so
die Aufklärungsmythen der Mythenaufklärer?

Die Naturwissenschaft macht den Kosmos
immer chaotisch bizarrer statt verständlicher.

Gewinnt der Knecht schon Macht über den Herrn,
weil er Macht über die Natur hat, die er für den
Herrn bearbeitet?

Aphorismen oszillieren zwischen Lehrsätzen
und Sprengsätzen gegen alle Leerformeln. Diese
Spielangebote überlassen es dem Adressaten, wie
viel Kraft er noch hat, sich verunsichern zu lassen
oder Gewissheiten zum Lebensernst zu suchen.

Heute herrscht die doktrinäre Selbstgefälligkeit
des Berufsskeptikers, verzweifelter Dogmatismus
des agnostischen Pauschalzweifels.

Kehren bei Nietzsche die gleichen Ungleichheiten
immer wieder, um im Erkennen identifiziert zu
werden – oder in ewiger Liebe zur Ewigkeit?

Ist der Hauptgegenstand meines Verstandes der
Verstand meines Gegenübers, um mich mit ihm
zu verständigen? Verselbständigung gegen sie
ist noch keine Selbstverständigung durch andere.

Dass Hegel den Schlegelkonsequenzen Fichtes
und der Identitätsphilosophie Schellings entging,
verdankte er nur Hölderlins „Urteil und Sein".

Das allerletzte Tabu:
„Es gibt keine absolute Wahrheit".

Wahrheit jedes Kollektivs : Herden und Horden
trampeln in Panik auch ihre eigenen Mitglieder tot

Aphorismen : Rhapsodien von Wanderdenkern.

Hättest du mehr Ruhm zu genießen,
wenn du ihn nicht verdienen würdest?

Triangel-Bikinis spielen die Melodien
vieler Dreiecksbeziehungen.

Lokalpatrioten schwanken zwischen Kneipen-
matadoren und Lokuschauvinisten.

Man glaubt Ebenbürtige ebenso unter sich
wie sich Größeren ebenbürtig.

Schlegels romantische Ironie besteht darin, dass er
ihre Willkür später einer härteren Disziplin unter-
wirft als Hegel, der sie nur ihre freie Vernunft
oder Rationalisierungen annehmen lässt.

Kants „Synthesis des Mannigfaltigen" wurde zu
Hegels „Einheit des Entgegengesetzten", als wäre
nur Verschiedenes schon Gegensätzliches. Ist das
Abschied von Scheinsynthesen der Unterschiede?

Erwachsene idealisieren die unverformte Natürlichkeit von Kindern, weil sie von Kindern vor
der Pubertät noch selber idealisiert werden. Große
nur wissen, was sie von Großen zu halten haben.

Wie schwach musst du sein, wenn du den, der
sich schwach findet, als bärenstark empfindest!

Wie lassen sich „reale Möglichkeiten" erkennen,
bevor sie auch nur in mindestens einem einzigen
Exemplar schon realisiert sind?

Laut Hegel wird Vernunft erst durch Verwirklichung vernünftig und Wirklichkeit erst durch
Rationalisierung real. Was nur existiert, sei nichts.

Für Kafka kann der Mensch sich nicht nur nicht
vorm Himmel rechtfertigen, sondern auch nicht
einmal vor der großen Welt, die ihn zurecht zum
nichtswürdigen Ding, also zum Tode verurteile.
Ist es gesellschaftliche Gnade, die uns überleben
lässt, wenn sie uns verdinglicht und entmenscht?

Kafkas vernichtendes Urteil über sich selbst ist
Hegels Urteil nicht über das freie Subjekt, sondern
über „faule Existenz" des zufälligen Individuums,
die keine verwirklichte Weltvernunft sei. Ein Ding
könne nicht sagen, dass es verdinglicht worden sei
und dadurch ganz anders als unser Urteil darüber.
Will K. sich fühlen als der schuldige Verbrecher,
der die gerechte Strafe selber an sich vollstreckt?

Kehren bei Nietzsche die immer gleichen Ungleichheiten immer wieder, um durch Erkenntnis
immer wieder nur identifiziert werden zu können?

Hegel ist vom Kopf auf die materiellen wie
gnomischen Füße zu stellen, vom bürgerlichen
Weltreich des Geistes zu geistreichen Proleten,
vom Wissenschaftssystem zum Reflexionsessay.

Nachdenken oder dir nachdenken? Alleinsein ist
noch kein Alleinssein: Fake News of Fake Reality.

Die Frau hat treuer jubiliert,
die mann teurer juweliert.

Es gibt nichts Praktischeres als eine gute Theorie
(Kant) und nichts Theoretischeres als eine gute
Arztpraxis.

135

Die Volksseele kocht auf keinen E-Herden.

Aphoristische „Sprachkürze gibt Denkweite"
(Jean Paul) : Kant kam persönlich aus Königsberg
nie heraus, philosophisch aber weiter als alle
Weltreisenden.

Verwerfungsaxiome : Mp, Np, Up, Zp, CpLp, Lp,
Mpp, CNpp, Mp → p, p → Lp   (N : Negation)
Logische, ontologische und gnoseologische,
deontische, ethische, wissenschaftstheoretische
Deutung des Modalkalküls :
L : allgemeingültig, notwendig, gewiss,
geboten, gesollt, beweisbar.
U : unerfüllbar, unmöglich, keinesfalls,
verboten, untersagt, widerlegbar.
Z . verwerfbar, zufällig, bezweifelbar,
unterlassbar, ungesollt, unbeweisbar.
M : erfüllbar, möglich, möglicherweise,
erlaubt, gedurft, unwiderlegbar.
Welche philosophischen Probleme lassen sich
darstellen und lösen durch modale Stufenfunk-
toren wie LMMN oder UNZM ?
Reductio ad absurdum : (Lukasiewicz-Notation)
CCpNpNp   CKpNpNp   KCpqCpNqNp
Paradoxa der Implikation:
CpCqp   (verum ex quodlibet sequitur)
CNpCpq   (ex falso sequitur quodlibet)

CKCpqCrsCKprKqs   (praeclarum theorema)

136

Konstruktive Dilemmata:
CKCprCqrCApqr   CKCprCNprr
Destruktive Dilemmata:
CKNqNrCCpAqrNp   CKCpKqrKNqNrNp

Eine Windhose zieht uns die Hosen aus.

Der Hochsprung vom Urvieh zum Urmenschen ist
größer als der Fortschritt von Amöben zu Affen.

Rustikale Möbel sind ungehobelt wie Grobiane,
doch einfacher als Bauern.

Wenn Ampelmännchen mit Hampelweibchen,
gibt es Strampelkindchen wie Trampeltierchen.

Leichter getan als gedacht,
leichter gesagt als geschrieben.

Der Mensch ist von Natur aus kein Forscher oder
forscher Praktiker, sondern ein mystischer Philosoph, der laut Hegel nur „subjektive Dialektik"
treibt, die schon Adornos „negative Dialektik" ist.
Verschließ die Augen vor der Welt, und was du
dann siehst, ist dein Weltbild, dessen Negativ
du im Leben nur zu entwickeln hast.

Im Aphorismus fällt ein Individuum unter einen Allgemeinbegriff, den es gleichwohl auch sprengt, genügt ein Triebimpuls einem Gewissen, das es zugleich betrügt, und bleibt Sinnliches verdrängt, um weiter unbewusst zu wirken. Absurd scheint dann, viel zu differenzierte Objekte zu identifizieren, wo ein ergreifendes Gefühl zum Teil begriffen, weil zum Teil völlig missverstanden wird, wo alle Vereinheitlichung zugrunde liegende Differenzen verdeckt und dadurch enthüllt, wo eine übergreifende Ganzheit ihre heterogenen Bestandteile nicht verbergen kann oder eine Zerrüttung im Gegenteil ihre geheime Eintracht beweist und die Streithähne einander ähnlicher sind, als ihnen lieb sein mag. Die Ontologie des Aphorismus hängt von seiner jeweiligen Stoßrichtung ab, schafft er durch seinen Vollzug doch erst die Seinsbereiche, die er vergleicht, wenn seine kategorialen Sprachantennen sie aus dem Kontinuum der Welt herausgefiltert haben. Die gnomische Sprache expliziert erst ihre eigene Ontologie, und was ist die transzendentale Bedingung ihrer Möglichkeit, um die geistreiche Einbildungskraft erst zur sinnreichen Urteilskraft zu machen? Einheit zerfällt in Teile, die anderer Einheit sich fügen, und die Puzzleteilchen bilden ein Weltbild, das in andere Puzzleteile zersplittert. Jeder Aphorismus entdeckt Gemeinsamkeiten zwischen den disparatesten Dingen und Konflikte im Herzen engster Symbiosen.

Brouwers *intuitionistische Logik* versteht jede
These als doppelte Negation, doch wie Hegels
Dialektik die doppelte Negation der These nicht
wieder als diese These, sondern deren Synthese.

Hielten antike Griechen sich für göttlich, weil ihre
Unsterblichen so menschliche Schwächen hatten,
und halten wir unsere Maschinen für menschlich
weil unsere Gehirne nur für *neuronale Netzwerke*?

Multitasker schreiben zwei Bücher gleichzeitig,
die einander widerlegen, doch kein drittes, um sie
zu versöhnen. Entsteht so ein *Multiversum*?

Du tust mir nichts Gutes, weil du mich liebst,
sondern liebst mich, weil du mir Opfer bringst.
Also wird der dich hassen, dem du alles gibst, und
der dich lieben, in dem du deinen Wohltäter hasst.

Jeder kann stets etwas und sich frei bestimmen,
um sich aus dieser Bestimmung jederzeit auch
wieder zu lösen, weil jedes Individuum seinen
Inbegriff transzendiert, der es subsumiert.

Sind Schlegels Verbindungen von Satz und Gegensatz wirklich romantisch subjektivistischer als
Hegels systematische „Synthesis des Entgegenge-

setzten"? Eine Portion gewaltsamer Willkür neben hypothetischem Geltungsanspruch ist bei beiden unverkennbar wie oft bemerkt. Entweder Hegels philosophische Wissenschaftlichkeit ist auch romantisch oder Schlegels universalpoetisches Fragment auch wissenschaftshypothetisch relevant.

Drabble-Satire : Inkontinenz der Kontinente

EUROPA ist ein einziges Plagiat aller zusammengeraubten Weltkulturgüter, mit technischer Nachbearbeitung und in Archiven unverstanden hochgestapelt. Der kleinste Erdkontinent beendete die Herrschaft der nomadischen Naturvölker und schenkte der Welt die inzwischen fast pandemisch gewordene naturwissenschaftlich-technisch-industrielle Geisteskrankheit.

AFRIKA war das Kolonialparadies aller Sklavenhalter und der Schwarze diskriminiert schon in den ältesten Kulturdokumenten.

AMERIKA war der Ort, wo die europamüden Europäer die indigenen Indianer ausrotteten, um den technikversessenen Dollar-Cowboy als Menschenrechtsutopisten zu züchten.

ASIEN sah Europa stets nur als seinen hochindustrialisierten Westzipfel, den es seit Peter den Großen als Vasallenkontinent für seine Modernisierung vorsah in einem „eurasischen Großreich", von dem noch viele Russen träumen.

140

Drabble um des Kaisers Bart:
Streit als Fight ohne Leid

Mit unterhaltsamem Streit kann mancher seinen Unterhalt bestreiten. Streitkultur heißt nicht, dass der Streithammel die Meinung des Kontrahenten toleriert, sondern überprüfbare Sachargumente für die eigene und gegen die fremde Ansicht aufbietet. Wenn wir einander mit guten Gründen bestreiten, führt das zu keinem Meinungsaustausch, wo ich mit deiner und du mit meiner Meinung nach Hause gehen. Streit verhält sich zu Zank nicht wie Duft zu Gestank, sondern wie Kampf zu Krampf und wie Papierkrieg zu Geschlechterkrieg. Demokratie ist entweder Demagogie oder – langer Streit der Worte und Werte statt kurzer Prozess und Schlacht der Schwerter. Eloquentester Konflikt ist konstruktiver als schnellster Konsens.

Kann die formale Logik ein Gegengewicht bieten gegen die geistreiche Luftigkeit der Aphoristik, um sie zu erden wie bei Nietzsche die *Ewige Wiederkehr*?

Aphoristische Streifzüge durch die Philosophie, um ihre Fragen zu streifen und daraus neuere Funken zu schlagen. Man denke dasselbe mal als prädikatloses Subjekt wie als subjektgebundenes Prädikat(prädikat).

Was du kennst, erkennst du nicht,
und was du erkennst, erkennt niemand an.

Alles auf der Welt ist stets von seiner fragwürdigsten und schwächsten Seite aus aufzurollen, um dessen Vorzüge zu sehen. Das leistet zwischen mathematischer Logik und kritischer Aphoristik die Religion. Nur himmlisch Absolutes vermittelt zwischen ihren weltgeschichtlichen Verweltlichungen und jener unmenschlichen Erhabenheit formaler Logi(sti)k.

Der Verdruss durch immer mehr auszuschlagende Chancen überwiegt immer mehr die Befriedigung durch ergriffene Chancen. Erst gab es zu wenige, nun gibt es immer schneller zu viele Chancen, um nicht lebenslang unglücklich zu werden.

Volksversammlungen : Volkszerstreuungen.

Nach welchen Gesetzen und welchem Gesetzgeber vollzog sich die natürliche Evolution der Evolutionsgesetze?

Der ewige Klassenprimus kann später nicht in allen Berufen so der Beste werden, wie er stets in allen Schulfächern war. Daher wählt er gar keinen bürgerlichen Beruf, sondern deplatziert als ein Künstler die Karrieren aller ehemaligen Schulkameraden.

Tote Dichter lässt man hochleben.

Der Aphorismus ist für den Geist zu viel Spiel
und für Spiel zu viel Geist.

Man kann sich durch Bilderflut so wenig ein Bild von der Welt machen wie von Begriffen ergreifen lassen.

Jede technologische Revolution schafft sich die neuen Menschen und deren Freiheiten, die sie braucht, um ihr größeres Potential auch ausspielen zu können.

Im Aphorismus ist Geist so wenig hypostasiert
wie Konkretes desavouiert, doch Besonderes
wie Allgemeingültige konfliktreich respektiert.

Holt liebendes Geliebtwerden das Beste und Edelste
aus zwei Menschen hervor oder ihren Bodensatz?

Wer offen sein will für alles, wird ein Müllcontainer.

Rational ist nur noch, was rationell ist.

Habgier ist oft Neugier auf das,
was andere glücklich macht.

Werde der Herren, nicht der Knechte Herr.

Opfere uns nichts Nichtswürdiges, sondern
einer größeren Herrlichkeit etwas Herrliches!

Sind Geisteswerke nur Dokumente von Versuchen,
Schicksalsschlage zu parieren oder zu unterlaufen?

Würdest du ganz verdinglicht, könntest du nicht mehr
sagen, dass du es bist. Kafka nutzte das.

Das Schlimmste, das ich im Leben erleben musste,
geschah zum Glück niemals.

Ich bin kein guter Autor. Nicht mal ein guter Mensch.

In modernen Ehen zwingt sich jeder dazu,
den anderen aus Liebe zu heiraten.

Philosophische Logiker wie Leibniz und Wittgenstein
bauten keine syllogistischen Systeme, sondern dach-
ten unendlich fragmentiert, während ein Naturwissen-
schaftsphilosoph Kant wie Geisteswissenschaftsphilo-
soph Hegel die Welt dialektisch systematisierten.

Der reine Geist wird formaler Logiker, der realistische
Geist wird Tranzendentalaphoristiker statt Sozialist,
Existenzialist oder Psychoanalytiker.

Was durch KI *comic*isierbar ist, ist Literaturkarikatur.

Glanz und Elend großer Künstler lassen sich
in Kunstwerken nicht ohne Kunstgewerbekitsch
darstellen. Philosophie eines Künstlers ist nicht
die Kunst eines Philosophen.

Meine Aphorismen sind darin sozial, dass sie Leser
einladen, andere und bessere Sentenzen zu schreiben.
Realitätskern der Diskursethik ist der Kontrapunkt
der gnomischen Polyphonie : Konflikt im Konsens.

Gesellschaftlich Ungeschickte leiden unter ihrer
unfreiwilligen Unangepasstheit ohne Rebellendünkel.

Neben P. Sloterdijk ist der Gießener Kompensations-
philosoph Odo Marquard (1928-2015) aus der konser-
vativen Ritter-Schule ein aphoristischer „Transzen-
dental-Belletristiker" gegen linke Kritische Theorie.
„Das Bonmot ist das Volkslied des Intellektuellen."
„Lachen ist ein Denken, und Denken ist die Fortset-
zung des Lachens unter Verwendung des Lachmus-
kels Gehirn." Man lache sich ausgeschlossene Realitä-
ten an, „ … um in diesem Fremden uns selbst wieder-
zuerkennen" wie bei Hegel. „Wer den Scherz nicht
riskiert, nimmt das Ernste nicht ernst genug. Das Lachen - gerade das des grotesken Humors, ist die kleine
Subversion, die uns die große Subversion erspart."

Aphoristische Denker holen nicht nur Erhabenes
auf platt Gewöhnliches herunter, sondern auch
Allzu-menschliches zu Ideen hinauf. Sie denken
auch ins Unreine, um nicht immer sogleich zur
Verantwortung gezogen zu werden für Schäden,
die sie vielleicht verursachen könnten.

Ist die ganze Wahrheit das Viertel, in dem du lebst?

Im Zweifelsfall für die absolute Wahrheit und gegen
die Verzweiflung des dogmatischen Skeptikers.

Ich möchte leben wie ein Tropf mit viel Köpfchen.

Ich habe gar nichts zu sagen,
aber das sage und schreibe ich ausdrücklich.

Jede Subjektivität schlägt potentiell aufschlussreiche
Funken aus der objektiven Welt. Ihre Antennen filtern
spezifische Info-Frequenzen aus dem Diffusen.

Muss ich gleich die Wölfe des Gegenlagers wählen,
nur weil auch in meinem Stammlager einige schwarze
Schafe sind?

Der eine denkt praktisch, der andere praktisch nur
und handelt theoretisch – mit Gedanken.

Lag das wahre Genie von Kunstextremisten wie Kleist
und Kafka darin, dass sie ihre latenten Geisteskrank-
heiten literarisch überhöhen konnten, um ihre bipolare
oder schizoide Störung kulturell zu überkompensieren
oder zu kaschieren? Sind geistige Werke von Geistes-
kranken nur krank, oder machen sie uns lediglich
menschliche Abgründe einfühlbarer? Ist Kants Uner-
kennbarkeit des Dinges-an-sich ein glaubhaftes Sui-
zidmotiv? Der wahre Fatalist Büchner ist der von
„Leonce und Lena" und „Dantons Tod".

Es steckt mehr Leib im Geist als Sinn im Sinnlichen.

Cogito, ergo con- et subsumo. Ich denke, ich denke,
um zu erfahren, warum und wozu ich nachdenke.

Der Philosoph rennt mit dem Kopf durch die offenen
Ein- und Vorwände und jede abgeschlossene Wende.
Philosophie ist der Spaß, manchen Spaß zu verderben,
und die Fron, nicht schuften zu dürfen. Eine originäre
sollte neue Fragen stellen, indem sie alte beantwortet.

Gesunde Körper denken metaphysisch, „nachmetaphysische" Denker haben oft eine schwache Physis.

Macht der transzendentale Weltschöpfer die Welt erst
unerschöpflich? Besteht die prinzipielle Unerkennbar-
keit des Dinges-an-sich in dieser Unerschöpflichkeit
aller Erscheinungen von ihm?

Die Urteilung eines Lebensplans in zahllose Hoch-
und Weitsprünge wird im Schlussurteil revoziert,
damit unser Sinn für Neuartiges den keimhaften
Ursprung re- und expliziert.

Kunst : Gefühle von gestern heute in Gedanken
von morgen beerdigen zur gefälligen Auferstehung!

Wo liegt in der zynischen Vernunft
der Schweinehund begraben?

Autoren, bei denen die zweite Lebenshälfte kaum
mehr zählt, interessieren mich kaum noch.

Was Heidegger, Adorno, Blumenberg unter Deutung
von Kunst verstehen, klingt oft recht amusisch, auch
wo da nicht mit Qual Qualität aus Qual gepresst wird.

Wie wenig Ruhe doch nötig ist, um das Bedürfnis
nach Lärm und Bewegung hervorzurufen!

11. Feuerbachthese. Die Philosophen haben die Welt
bisher nur immer anders verändert, es kömmt aber
darauf an zu erkennen, was dadurch nie anders wurde.

Geistige Werke konservieren die Quintessenz eines
Lebens über den Tod hinaus und wollen nicht noch
einmal ausgelebt werden. Das Beste ist in Sicherheit.

Kunst : Spiele distanzieren die aufdringliche Welt
und immunisieren gegen deren Köder.

Rehabilitiert Marxens' *Lumpenproletarier*, Hegels
faule Existenz, Adornos *Identifizierer*, Platons *Doxa*,
die cartesianische *res extensa*, Kants *Neigungen*,
Husserls *Begriff,* Heideggers *Seiendes* und Derridas
Signifikat! Der Aphorismus wägt an jedem Objekt
die Chancen und Risiken. Inzwischen fällt Philosophen zu allem nur noch das Platteste ein, und der Rest
findet sich bei Künstlern und Gebetsbrüdern.

Gibt es eine gleichgeordnete Pflicht, Kompromisse
zwischen konfligierenden Pflichten zu schaffen?

Die Klimawandel-Zukunft scheint sicherer
als die Zyklon-B-Vergangenheit.

Nur untätiges Anstarren der Wände verlängert
das Leben, Aktivitäten verkürzen es.

Menschen unterscheiden sich auch darin,
ob sie mehr fürchten, was ihnen kurz vor ihrem Tod
oder kurz nach ihrem Tod geschieht.

Modallogik bräuchte gegen Nicolai Hartmann einen
Begriff von Möglichkeit, der nicht schon notwendig
in mindestens einem einzigen Exemplar verwirklicht
sein muss, um überhaupt möglich zu sein.

Der klare Begriff kommt aus seinen Objekten nicht zustande wie beim Meeresrauschen aus nicht einzeln heraushörbaren zahllosen kleinen Wellenschlägen.

Kann ein Diskussionsbeitrag vernünftig sein, der meinen Beitrag niemals diskutiert und widerlegt hat?

Dialektik ist ein dialogisch argumentatives Streitgespräch Platons im monologischen Selbstgespräch Hegels, das aber Gegenstand philosophischer Dialoge werden können muss und auch ja bis heute wird.

Wer das hier liest, beweist, dass nicht alle Druckwerke ungelesen makuliert werden oder regalverstauben.

Sehfähiger *Kosmotheoros* ist undurchsichtig sichtbar.

Fehlt ein „Leitfaden" zu den Fadenscheinigkeiten von Lebensquellen, wo er nicht zu befestigen ist?

Habermapel? Entschluss zu intersubjektivem Diskurs ist oft nur Privatsache, also solipsistisch subjektiv.

Glaubst du denen, die glauben, dass ihr Gott auch denen hilft, die Ihm und an Ihn nicht glauben?

Meine Bücher sind Einladungen zu Kinderspielen,
Fragwürdigungen, Rätsellösungen, Unterstellungen
zu kontern oder neuartige Tricks zu durchschauen.

Könnte es das Allerbeste sein, dass sie gar nicht
existierte, wenn diese Welt schon die beste wäre?

Bist du klug genug zu wissen,
dass du für diese Welt nicht klug genug bist?

Oeuvre. Der Handwerker schafft ein Werkstück,
der Mundwerker ein Kunststück als Bruchstück.

Mancher Mut dauert nicht länger
als eine Kanne schwarzen Tees.

Wenn zu viele Leser dir zustimmen, liegst du falsch,
doch muss alles phallsch sein, was euch zu hoch ist?

Mit Unrat und Untat zur Seite:
Ratschläge verpassen Tatschläge.

Nur „zerstörend gegen das in sich Zerstörte"?
„Wo die Minorität der Majorität gehorchen muss,
da ist keine Freiheit." (Hegel über Rousseau)

Der Erste und Höchste sein auf einem Gebiet, das
selbst das erste und höchste ist gegen alle Rivalen …

Ein Philosoph entferne sich nie zu weit von Bibel,
Babys und Bäumen.

Jede Buchhandlung sollte ein Antiquariat enthalten
wie ein Philosoph einen Dichter.

Goethe : „Am Anfang war die Tat." Ja, tatsächlich
die Untat statt Untätigkeit.

Wer etwas sagt, meint nichts anderes,
sondern sagt etwas ganz anderes.

Lächle in dich hinein und nach hinten wieder heraus!

Moderne Kunst mutet dem masochistischen Bürger
zu, seine eigene Verhöhnung ästhetisch zu genießen.

Er kam von ganz unten. Er begann mit Hegel.
bevor er Precht ohne Brecht entdeckte.

Wer ein Ratlos zieht und ratlos wird, ist selten tatenlos

Seit Platon ist Philosophie eine Satire der Ideen
auf die reale Welt und seit seinem Schüler Aristoteles
eine Idylle kontemplativer Kosmostheorien.

Sollte die alte metaphysische Welt tot sein, die dem
gotterschaffenen Kosmos einen Sinn gab, könnten
Philosophen seit Nietzsche sich einschiffen, ganz neue
Kontinennte zu entdecken, doch nachmetaphysische
Uni-Professoren treiben nur Philosophiegeschichte.

Ich bin der einzige Philosoph und Aphoristiker,
über den ich noch nie etwas gehört habe.

Wenn wir leidlich leben, handeln wir so lange,
bis wir leiden.

Gar kein Leser ist mir lieber als Sie (sagte sie mir).

Wird Vernunft durch Verwirklichung unvernünftig
(Adorno) oder erst wirklich vernünftig (Hegel)?

Im- und Expression. Literatur muss heute vergangene
-Ismen nur streifen, ohne sie mehr zu verkörpern.

Schauen kluge Engländer auf dumme Engel herab?

154

Leser holen sich aus Philosophien immer das Platteste heraus. Durch Marx wollen sie mehr Materielles, von Platon und Hegel mehr neue reaktionäre Ideen klauen, Epikur verspricht ihnen sinnliche Genüsse, ein Stoiker mehr Gelassenheit, ein Diogenes gewitzte Naturnähe, ein Descartes versichert ihnen, dass sie wirklich denken können, ein Spinoza verteidigt sie mit Mutter Natur gegen Gottvaters Strenge, Leibniz bestätigt ihnen, dass sie Individualisten sind, Kant hält sie für vernunftbegabt aufgeklärte Selbstdenker, Fichte rechtfertigt ihren tatkräftigen Egoismus, ein Schelling ihre Potenz, Schopenhauer ihren mürrischen Pessimismus, Nietzsche ihren übermenschlichen Machtwillen, Wittgenstein ihren üblichen Sprachmissbrauch, Sartre hält sie für Freiheitskämpfer, Adorno für unangepasste Rebellen, Heidegger hält sie für existenzkämpferische Stimmungskanonen und ein Habermas für fortschrittliche Vereinsdebattierer ...

Manches Lachen und Totlachen
hinterlässt Blutlachen.

Maschinen sollen uns nun die schlimmsten Arbeiten abnehmen, Steinzeitmenschen arbeiteten aber täglich etwa halb so lange wie der Staatsbürger heute.

Wenn gelehrte Muße heute kein Ideal mehr ist, wird Satire auf Vollbeschäftigung nicht mehr verstanden.

Warum sollen Greise noch Romane über Herzens-
verwicklungen lesen, die sie selbst gar nicht mehr
erleben? Sie lesen bestenfalls noch Lyrik, Aphoristik,
Logik, Glossen, Anekdoten und Satiren auf das
menschliche Treiben, Biographien und Tagebücher ...

Es ist eine menschliche Stärke,
menschliche Schwächen abzuschwächen.

Rätsel : Philosophie ist wesentlich atheistisch, doch
die größten Philosophen waren gar keine Atheisten.

Künstler, also Artisten und beifallheischende Akroba-
ten unter der Zirkuskuppel, stellen keine anbetungs-
würdigen Weltbilder zwischen sich und die Welt und
ihr Publikum : Philotainment, Denken ohne Andacht.
Müsste ich Rechenschaft ablegen über jedes im Leben
gesagte oder unterlassene Wort, wäre ich verurteilt. Es
will nur Gauklerspiel sein, um die Lebenslast zu erleichtern, und nicht Betrug. Platon : „Die Dichter lügen zu viel", und die Denker irren nur? Nicht jedes
Wort will gleich zur Verantwortung gezogen werden
für Spiel(zeug)e und Kunststücke, die nur irritieren
und lockern wollen, Gemütskräfte trainieren und nicht
täuschen: Spiel um Sein und Schein, Illusion und De-
maskierung, zur Hebung der Lebensfreude, prodesse
et delectare, primum nil nocere. Der Ur-Aphoristiker
Hippokrates war Mediziner: Lehrsätze als Gegensätze
ins Freie, auch Einsichten ohne An- und Absichten.

Der „Neue Mensch" war immer nur der alte Adam
als Übermensch-Monstrum statt Individuum.

Mancher behält (herablassend) das letzte Wort,
indem er anderen (großzügig) das letzte Wort lässt.

Aphorismen haben zu viel Witz, um etwas zu wissen.

Es gibt nichts so Weises, dass nicht ein Dummkopf
es schon gesagt hätte.

Hegel gewinnt individuelles Selbstbewusstsein über
beobachtete wie über bearbeitete Natur. Sobald das
Rechtssubjekt es nicht mehr mit der Natur zu tun hat,
sondern auch mit dem Alter Ego, entsteht statt nur
sinnlicher Gewissheit ein sittliches Gewissen. Die
unsittliche Welt ist eine Welt von Herr und Knecht.
Natürliche Begierde richtet sich auf schon vorhandene
Früchte der Schöpfung und wird geistige Begierde auf
eigene Geschöpfe. Gebildete Aufklärung ist Verstand,
der sich nicht nur im sinnlichen Natürlichen, sondern
auch im übersinnlich Übernatürlichen wiederentdeckt.
Vernunft gibt sich Sittengesetze und vernimmt Naturgesetze.

Hegel : „Heutigen Tags wollen keine Satiren mehr
gelingen", da Ideales laut Adorno als längst realisiert

ausgegeben wird und Reales idealisiert wird (Adorno: „Juvenals Irrtum" in : „Minima Moralia", 1951). Die Renaissance laut C. J. Burckhardt als Lästerschule. Sarkastische Schmäh- und Stachelschriften, burleske Glossen, Poikilosophie, und seit 1900 Kabarett, Jarrys Pataphysik und DADA.

Der eine gibt viel und bekommt wenig, der andere gibt weniger und empfängt mehr. Ist das der Unterschied von Himmel auf Erden und Hölle danach?

Es geht nicht nur darum, in Objekten viel Objektives oder Subjektives zu sehen, sondern Geist, um sie zum Sprechen zu bringen. Kann ein Subjekt die Natur erkennen, der es evolutionär entstammt? In der Religion offenbart sich der göttliche Geist dem menschlichen Geist, spricht Geist zu Geist, nicht mehr nur „sinnliches Scheinen der Idee". „So ist Er eben." : Ist der Ewige ein bestimmtes Wesen mit bestimmten Eigenschaften und ohne andere? Manchmal glaubst du Ihn zu verstehen, dann wieder überhaupt nicht mehr ...

Nietzsche, Wittgenstein und Adorno lieferten philosophische Rechtfertigungen aphoristischer Fragmente als philosophischer Formen. Auch ich schreibe ja am goldenen Buch der Kultur, um Goldkörnchen unter Bergen von Schutt zu entdecken. Ist der Aphoristiker ein melancholischer Clown oder artistischer Gaukler im Reich seiner Muttersprache?

Manches vereinfacht sich im Alter. Kirchenglaube wird Kinderglaube, der er niemals war, Philosophie ein heiteres Rätselraten, Kunstwerk nur noch Kunststück, Weltgeschichte ein Verfallsfortschritt mit einer Keilerei nach der anderen, Gesellschaft ein Individuationsverhüter, das Naturschöne ein bukolisches Idyll, Paradoxie eine Form der Logik, Geist nur noch geistreich, Praxis ein Wartezimmer des Arztes, Handlung nur Buchhandlung, Recht nur Chance, keine Gerichte anzurufen, Moral der Hang, Unrecht lieber zu erleiden als zu tun, Leben nur ein Überleben im stillen Winkel. Religion verkürzt sich zu: „Herr, vergib mir und hilf!"

Es hat Seltenheitswert, dass auch einmal geschieht, was immer gilt wie die Logik.

Entweder Menschen haben berühmte Titel oder ihre Bücher.

Nichts aus industrieller Moderne wird „unverwandelt" (Adorno) in die Zukunft übernommen werden können.

Fortschritt? Schritt-weise fort mit dem Fortschritt!

Kosmische Paralleluniversen sind kosmetisch so komisch, dass nur Chaoten darüber lachen.

„Ein Witz kann nützlich sein, er kann den ganzen irdischen (ganz zu schweigen vom himmlischen) Sinn eines Sachverhalts umfassen." *(G. K. Chesterton)*

Was Universitäten über das Universum lehren,
gilt nicht so universell wie das, was das Universum
über Universitätsprofessoren lehrt.

Es scheint schon eine Gnade, gut sein zu dürfen und nicht schlecht sein zu müssen. Dass ich und kein anderer das große Werk tun konnte, war ein Geschenk an mich. Wenn der Himmel der Ansicht war, dass bestimmte Werke geschrieben werden sollen, hätte er sie ja auch von anderen schreiben lassen können.

Der Brotberuf ist nur das Zubrot hungernder Künstler.

Der moderne Mensch erkennt die Hölle um sich
herum, doch nicht den Teufel darin.

Naturwissenschaft im besten Sinne ist nur
ein guter und kluger Witz ohne große Weisheit.

Possen und Glossen aus Gossen von Genossen:
Was uns verblüfft, kann Wahrheit
und muss kein Bluff sein.

160

Von Kirchensteuern kann sich jeder befreien lassen,
von Fortschrittsfinanzierungen aber niemand.

Sobald ich tot bin, bin ich unsterblich.

Wer die Welt kennt, sieht nur ihre vielen kleinlichen
Unterschiede. Wer nur sein Kaff kennt, sieht allein,
was alle Welt sieht.

Allein eine Kanne schwarzen Tees kann die Illusion
geben, noch ganz der Alte und nicht alt zu sein.

Aphoristische Dogmen können Fragen fragwürdiger
machen und dadurch beantworten; sie interpolieren
zwischen Mikro- und Makrokomik. Nur feste Doktri-
nen machen menschlichen Geist frei und beweglich.

Kann ein Mensch einen klügeren kaum (an)erkennen,
ohne ihn einen dummen Klugscheißer zu nennen?

Was hier nicht zu lesen steht,
ist Üblichem zu nah oder zu fern.

Meine Meinung ist nicht wahr, weil ich sie sage,
sondern ich sage sie, weil es die Wahrheit ist.

Wer nimmt es sich selber noch krumm, wenn er ein krummes Ding nach dem anderen dreht und es nicht dumm gelaufen ist?

Ein Mensch wird erst Mensch, wo er Gewissheiten gewinnt. Eine Birne hat gewiss keine.

Aphoristiker verunsichern mit festen Gewissheiten, ja, indoktrinieren mit unwiderlegbaren Widerlegungen.

Liebe heißt : Wenn ich in deinem Hirn *googel,* finde ich Wichtigeres als bei *Google.*

Wir halten Geld für real und Gott für einen Traum.

Ein jedes zählt, nur nicht das Ganze? Ich stürze falsche Sätze, um wahre vorsätzlich zu stützen.

Wenn das einzige transzendentale Subjekt nur noch der wissenschaftliche Forscher ist (wie einst im Neukantianismus), ist existenzieller Protest unausweichlich, der dann Sozialkritik wird, bis eine Analytische Philosophie erneut eine Naturwissenschaftstheorie sein will, gegen die europäische Moralisten wieder aufstehen können mit ihren *Lebenswelten* …

Mancher fühlt sich schließlich verfolgt vom Erfolg
seiner logischen Schlussfolgerungen.

Das Volk kann so wenig tun, dass sein Gemurre
fast so gut ist wie Zustimmung zum Lauf der Welt.

Auch Nichtkönnen will gelernt sein,
denn nicht jeder kann gar nichts.

Der Blinde kann besser hören, doch wer den Schwanz
nicht hochkriegt, deshalb nicht tiefer denken.

Religion ist Quatsch, doch Kinderquatsch ist Religion.

Bei Schelling begreift göttlicher Geist in uns die zweite Natur unseres Geistes wie dieser die erste Natur.

Der Aphoristiker tobt seine Lebensfreude in kürzesten
Possen und Farcen aus. Mancher kann nicht mutig
sein, aber übermütig sinnigen Unsinn ersinnen.

Auch zwischen den Einzeilern lesen lernen!
Epigonen von Geistesriesen sind oft Urahnen
künftiger Avantgarden.

Der Christ ist mit dem Kopf in den Wolken,
um nicht in der Welt auf- und unterzugehen,
und fliegt wie Aphoristiker im Tauchen.

Habermas will „das Projekt der Moderne retten".
das von Gottes Urprojekt dekonstruiert wird.

Philosophie ist die Phänomenologie aller Daten,
der „Gegebenheiten" vom Schöpfer.

Kultur : komisch kosmetische Kosmosbehandlung.

Wenn ein Kant in der Urteilskraft das Gegenteil von
Dummheit sieht, erhebt er Kunst und ästhetisches
Geschmacksurteil zur höchsten Klugheit.

Religion, anders als Philosophie, gibt erst Ruhe, wenn
sie in logischen Schlüssen die Paradoxe entdeckt hat.

Auch beim Nachlassen und Vorlassen anderer
kann man ziemlich nachlässig werden.

Muss man mit Heraklit und Novalis den geheimen
Krieg in jedem ruhig dastehenden Gegenstand sehen?

Die möglichen Welten von Leibniz hab ich nie erlebt,
nur diese einzige Welt hier von Geburt an.

Wo Glaube aufhört, beginnt nicht die Wissenschaft,
sondern Aberglaube, was im Grunde dasselbe ist.

Lässt sich ohne den Ewigen die ewige Geltung
der Natur- und Sittengesetze begründen?

„Setze nie Kinder in die Welt!" Wer diese Maxime
Kants befolgt, verletzt den kategorischen Imperativ,
da er nie geboren worden wäre.

Heute werden Paradoxe wie Selbstverständlichkeiten
erlebt, seit die zivilisierte Unkultiviertheit uns zur
zweiten Natur wurde.

Bildung gilt als verbildete Arroganz, der Intellektuelle
als überheblicher Besserwisser wie verstiegener Klugscheißer und der wahre Künstler als überspannter
Sonderling, Entertainer, Gaukler und Pausenclown.

Menschliche Frühlingsgefühle im Wonnemonat Mai
schwanken zwischen Liebessehnsucht und Selbst-
mordgedanken.

Wer sich vergnügt, sieht, wie schnell die Zeit verging.
Wer viel Zeit haben will, langweilt sich rasch.

Frühlingsgefühle sind das Einzige, was zwei so unvereinbare und unverträgliche Wesen wie Mann und Frau bewegen kann, es miteinander zu versuchen. Sobald sie einander verstehen, wollen sie nichts mehr voneinander wissen.

Im Frühling fühle ich mich wie ein Maikäferchen, das staunend vor einem Wolkenkratzer von Maiglöckchen sitzt.

Das Ich des Novalis ist ein Schweben nicht über, sondern zwischen verdinglichten Dingen und ihren unbedingten Bedingungen.

Was ist der Grund dafür, den Grund und Abgrund der Welt ergründen und begründen zu wollen?

Philosophie müssen wir treiben, solange unser gesunder Menschenverstand mit allen Problemen fertig wird

In modernen Krimis gibt es viel weniger rätselhafte Fälle als im Routinealltag geheimnisvoll gute Werke.

Alle Fragestellungen vereinfachen sich im Alter, so dass das erste Kinderstaunen vor der Welt wieder möglich wird, gegen Depression mit Aggression und dann mit Witz, Kinderglauben und Naturverehrung. Kompliziert ist es nur in der Lebensmitte.

Wäre es besser, wenn jeder Mensch ein halbes Leben lang Herr und ein halbes Leben lang Knecht wäre?

Dialektik ist kein Dreischritt als fauler Kompromiss zwischen allem diskursiven Für und Wider.

Kants Transzendentalismus zeigt, dass sich Gottes Gesetz ohne Substanzverlust in menschliche Autonomie übersetzen lässt, doch nicht von der Philosophie in die Religion zurück.

In modernen Krimis gibt es viel weniger rätselhafte Untaten als in unserem Alltag rätselhafte Wohltaten.

Französisches Bonmot hebt deutschen Sinnspruch auf ohne unio mystica oder coincidentia oppositorum.

Triebhaber, noch lange keine Lieb- und Rechthaber, werden bonmotorisierte Sentenzenschleifer.

Wittgenstein : „Nur wenn man noch verrückter denkt
als die Philosophen, kann man ihre Probleme lösen."
Das versuchen Aphoristiker. „Die kurzen Worte
sind die schwierigsten." *(Chesterton)*

Du hast keine Pickel, und der Pickel hat dich am Hals.

Die Vorsehung macht auch schon Fortschritte
und schüttelt die Vorsicht vor Prognosen ab.

Mach dir einen Strich durch die Rechnung
ohne den Wirt, statt auf diesen Strich zu gehen!

Wer nichts als ein Mensch ist, ist auch etwas wenig.
Man muss auch Untier bleiben oder werden.

Das Backpulver hat das Pulver auch nicht erfunden,
umso weniger der Mensch den Menschen, Sartre!

Lässt Hegels Dialektik sich in intuitionistischer Logik
reformulieren, wenn ein Widerspruch falscher ist als
eine nur falsche Aussage, keine doppelte Negation
eine Aussage so bestätigt wie umgekehrt und der Satz
vom ausgeschlossenen Dritten (Synthesis) nicht für
unendliche Aussagen gilt?

Keine These ist bewiesen durch widerlegbare Widerlegbarkeit oder widerlegt durch Unbeweisbarkeit.

Wer der Welt nur sein abstraktes Nein entgegen zu setzen hat (und kein Werk wie Kafka), gibt ihr Recht.

Frühromantische Kunst symbolisiert Ideen, die nicht philosophisch abstrakt ebenso formulierbar sind wie bei Hegel und Heidegger, Sartre und Adorno. Auch Nietzsche wie Schlegel und Novalis setzt ja nur die europäischen Moralisten fort und keine Kants.

Sartre spielt seinen Kean wie Nietzsche seinen Dionysos und bleibt stets jenseits der Rollen. Die Revolte des einen ist so subjektiv wie die des anderen existenziell : nur imaginäre Umdeutungen realer Situationen.

Nietzsche verneigt sich vor seiner Neigung und Natur statt vor Kultur und Moral, aber Pflichten sind autonomer als überwältigende Gefühle und Passionen.

Mit Ackerbauern und Viehzüchtern begann menschliche Verfallsgeschichte, mit Babelturmbauern und Menschenzüchtern vollendet sie sich.

Werde, was du liebst, und nicht, der du bist!

Es hat einen guten Grund, dass die Maschinen uns lieber neue Bedürfnisse schaffen statt die alte Mühsal und Plackerei abnehmen sollen : Uns Arbeitslosen soll die beschämende Entdeckung erspart bleiben, mit der seligen Muße gar nichts anfangen zu können.

Sie musste sterben, er danach nur allein bleiben
und warf sich vor, ihr das auch noch vorzuwerfen.

Zu Lebzeiten wollte niemand etwas von ihnen wissen, und nun fühlt sich jeder Zeitgenosse als Opfer wie Kafka und als Übermensch wie Nietzsche zugleich.

Könnte ich nur denken, wäre ich kein Philosoph
mit großer Herzklappe.

Jeder nach meinem Geschmack! Inzwischen braucht es schon übermenschliche Lebenskraft, um Nietzsches heutigen Übermenschen auch nur davonzulaufen.

Wer keinen freien Willen zu haben glaubt,
ist gespannt, was er wohl nächstens tun wird.

Wer Gott zu fern ist, fühlt ihm gern auf den Zahn.
Wer ihm sehr nah kommt, flieht ihn oft entsetzt.

„Was einen Mann der Feder im letzten Sinne groß machen kann, … ist die Kraft, eine Fülle von Einfällen zu haben und sie lebendig werden zu lassen. Es ist nicht wahr, dass es nur auf Qualität ankommt und nicht auf Quantität."
(G. K. Chesterton)

Berausche dich nicht am Lob, das du anderen zollst!

Hat Jesus seine Kirche auf den Felsen des feigsten Maulhelden gebaut, muss auch oder nur ein solcher Großes schaffen können. Die Kette meiner Sentenzen ist nicht stärker als ich, ihr schwächstes Glied.

Himmlische Weisheit ist unwiderstehlicher
als ein Witz, und sei es ein wissenschaftlicher Scherz.

Die Welt ist alles, was der Schicksalsschlaganfall ist, der keine philosophische *stroke unit* findet.

Osterlachen der Lebensfreude finde ich nur noch bei Leuten wie Chesterton. Franziskanische Selbstlosigkeit fehlt dir, doch friedlich und heiter ist das Alter?

Aphoristische Gleichungen sind die Mathematik poetischer Gleichnisse, die Logistik unseres unkultivierten Umgangs. Die Elementarerlebnisse in Carnaps

171

„Logischem Aufbau der Welt" (1928) sind Sentenzen. Die skrupulöse Sorgfalt, die Flauberts l'art pour l'art auf jeden Romansatz verwendete, wende ich an jeden Aphorismus, der aber eine Moral ist und nicht hat.

Übermenschlich an Nietzsche ist nur das tiefenpsychognomische Können seines erbärmlichen Lebens.

Philosophie ist doch auch Satire des Ideals auf Reales und des Realen auf Ideale, zugleich reale Idyllik des Idealen und ideale Idyllik des Realen.

Wird das Licht weniger oder das Dunkel mehr?

Aphorism, catchphrase of philosophy: Literarisch gefragt, philosophisch geantwortet oder umgekehrt: $X = 1$, aber $1 = X$?

Naturwissenschaft erklärt heute etwas Selbstverständliches durch etwas Unerklärliches.

Weicht Philosophie vor Realismus und Rationalismus aus ins unterirdisch Innerste oder Außerweltliche? Philosophen denken heute, indem se sich den Kopf abschlagen und es uns abschlagen, ihn aufzusetzen.

172

Kann eine Lampe ein Licht beleuchten
und ein Schatten einen Schatten werfen?

Intellektuelle wollen nicht unterboten werden durch
Naturalisten, doch überboten durch Surrationalisten.

Heilige verehren, die noch Heiligeres verehren? Wir
sind so stumpfsinnig, Unglück zu brauchen, um das
Glück bloßen Daseins wieder empfinden zu können.

Mancher ist gern alt, weil er dann endlich aufs Konto
des Alters die Schwächen schieben kann, unter denen
er immer schon litt.

Ein Konstruktivist zerstört wertvollere Strukturen, als
er schafft. Erbaulicher ist die Sprengung seiner Bauten

Wo Aufklärung mehr sein wollte als Blendung,
wurde sie Götzendienst an Rationalisierungsplänen.

Aphorismen, klassisch geschlossen und romantisch
offen, lateinisch klar und abgründlich deutsch zudem,
sind so vermessen, Unermessliches zu vermessen.

Ich denke, also bin ich – gefühl- und willenlos.

173

Wenn wir aus der Geschichte lernen würden,
gäbe es keine mehr (zu erzählen).

Wer von euch ohne Perlen ist,
der werfe das erste Schwein.

Viele leiden unter der Zwangsneurose, einen freien
Willen zu haben, doch sind so frei, sich über Sach-
zwänge zu freuen.

Liebesleben. „Was hältst du eigentlich von Quickies?"
„Aber nicht mit Shorties!"

Wer reinfällt, muss keine Grube gegraben haben,
aber wer andern einen Mist baut, wächst selbst darauf.

Heißt Selberdenken, auf allgemeingültige Wahrheiten
selbst zu kommen oder eigenen Wahnideen zu folgen?

Lieber ein springender Prunkt als ein singender Punk,
und lieber ein Idol im Idyll als gar kein Ideal!

Gewalt ist der ImBiss des Machthungers,
doch Freiheitsdurst wird in Kneipenpalavern gelöscht.

„Phantasie ist ein ewiger Frühling." *(Fr. Schiller)*
Also ohne Ernte im Herbst?

Lieber Aktien als gar keine Aktionen und Aktivitäten!

Wäre alles nur eine Illusion, dann auch das.

„Auf diesen Felsen will ich meine Kirche bauen",
sagte Jesus als er keinen Glaubenshelden, sondern den
feigsten Prahlhans seiner Jünger als Menschenfischer
auswählte, 2. Kor 12,9-10 : Der Herr ist die Kraft in
den Schwachen. (Auch die Schwäche in den Starken?)

Philogelos Kierkegaard über Hegel : „Es wird doziert,
dass Denken höher stehe als Ironie und Humor, und
das wird von einem Denker doziert, dem der Sinn für
das Komische vollständig abgeht. Wie komisch!"
Ist das der Kern des existenziellen Ernstmachens?

Allgemeinverständliche Vieldeutigkeit. Das philosophische Ideal ist der erste Blick eines Neugeborenen
ins Licht der Welt ohne Licht der Vernunft.

Seria et Iocosa. Trage deine Freude mit Fassung, bleib
dir selber neu und sei außer dir vor Gelassenheit!

Laut Sartre gibt es so viele Wahrheiten nicht nur wie Menschen, sondern wie Lebenssituationen bei jedem Menschen. Er konnte alles schreiben, nur keine Gedichte, da er kein Sein aus Sprache schaffen wollte, sondern alles Sein aus Ekel sprachlich wegschaffen.

Eine Frau, die sich nichts diktieren lassen will, sollte nicht Sekretärin werden, sondern zuhause bleiben.

Wirst du einstmals als Urahn einer Kultur gelten
oder nur als Epigone grauer Avantgarden?

Wer stirbt, lässt das Licht der Umwelt hinter sich; wer geboren wird, lässt den dunklen Mutterleib hinter sich

Orthodoxe sind die wahren Ketzer wider den Zeitgeist

Reiche schreiben Geschichte, Arme erzählen Geschichten, und ohne den Himmel geschieht gar nichts.

Moderner Individualismus ist die Freiheit des Arbeitnehmers, sich bei Arbeitgebern zu verdingen.

Heißt das Alter Gedächtnisüberladung
und der Jungbrunnen „Lethe"?

176

Ich bin so, wie ich bin, auch wenn ich anders wäre.

Macht Glück nur undankbar flach, und taugen wir
ohne Leid noch weniger als sonst?

Aus Wittgensteins „linguistic turn" und Husserls
„Lebenswelten" hat die Philosophie leider noch keine
moralistischen Aphorismustkonsequenzen gezogen.

Bipolarer Mystiker Bloch : Manischer Sozialismus
als lebenslanges Antidepressivum.

Man sucht nicht zu einer Frage die Antwort,
sondern muss die Lösung schon haben,
um ein Problem entdecken zu können.

Sobald die Hochkultur beginnt, wird der Naturzustand
des Menschen zum allgemeinen Kriegszustand erklärt.

Auch die Angst vorm Ende geht am Ende zu Ende.

Karthago wird täglich wieder aufgebaut in Babylon.

Ein Labyrinth ist der Ausweg aus allen Auswegen.

Ich denk nicht mit dem Hirn, mein Kopf denkt mit mir

Ein Mathematiker, der nicht bis eins zählen kann.
Schon Schlegel war ein Dialektiker, der nicht
wie Hegel bis drei zählen wollte.

Sehr bewundert werden nur Schwerverwundete.

Lieber auf dumme Art klug als auf kluge Art tumb?

Bring dich nicht an den Mann, such mit Ariadnefaden
den Stier und versteck dich im Labyrinthellekt!

Schlagfertige werden mit grobschlächtigen Schlag-
worten fertig gemacht.

Philosophie : Kampf der Sprache gegen Verhexung
durch die Sache selbst. Spot(t)lights of mind.

Wein hilft nicht gegen Weinen,
doch Lachen verhilft zum Weingeist.

Wer antwortet mir klüger als die Wand,
gegen die ich rede?

Schöner ist es, unbekannte Schönheiten zu erkennen,
und nicht hässlicher, Hass zu verkennen.

Wer außer sich geriet, ging nur in sich.
und wer zu sich kommt, trifft keinen an.

Aphorismus, eher wegweise als Endstation Sehnsucht.

Man opfert seinen Götzen wie seine Götter.

Aus welchem Grund liebt man grundlos?

Herrscher verfolgen mit Erfolg ihre Gegner
und fühlen sich von ihrer Gefolgschaft verfolgt.

Jemanden berauben, indem man ihm Opfer bringt.

Witz ist die Hoffnung der Resignierten,
durch Unterwerfung zu triumphieren.

Schadet es dir zu lieben, liebst du.

Selbst die Nacht maskiert manchen nicht.

Als gut gilt zuweilen schon, wer Böses schlecht tut.

Schmeichle mir so lange, bis Größenwahn mich fällt!

Liebe in jedem einen bloßen Fehldruck seiner selbst!

Der Weg in Dunkel und Dünkel ist mit offenkundigen
Wahrheiten ausgeschildert.

Entfremde dich in das, was dir zu hoch ist,
um dir selbst (ver)trauen zu lernen!

Der Philosoph zieht sich aus allen Zweigen und
Blättern zurück, um in seinen Wurzeln zu erblühen.

Belausche das geheime Gespräch der Ideen.
Verrätst du sie an Bücher?

Denn sie wissen besser, was sie *nicht* tun,
wenn sie tun, was sie zu wissen glauben.

Todesfurcht ist häufig Höllenangst
und Lebensangst nur Himmelsehrfurcht.

Wer will nur Leute finden, die nur suchen?

Gegen Antidepressiva hilft zuweilen nur Suizid.

Zufall, Schicksal, Evolution und Lichtjahrmilliarden
sind oft Spitznamen des Ewigen.

Ich meide Menschen nicht, weil ich sie hasse,
sondern um sie nicht hassen zu müssen.

Der Knecht erträgt den Herrn, weil der weit weg ist.

Wie egoistisch darf ich und wie egoistisch
sollte ich wenigstens sein?

Nicht zu philosophieren, ist eine Verhexung
des Verstandes durch beredtes Schweigen.

Sei kein Dummkopf vor Sokrates
und kein Sokrates vor einem Dummkopf!

Aphorismus : Ein Meer des Denkens
in einem Tropfen Dichtung.

Schon das Leben in Frieden & Freiheit
hält mich gefangen in Unruhe.
Im Westen kann ich nicht leben,
im Osten wär ich schon tot.
Je zarter die Gemüter,
desto härter die Worte,
und die Angst vorm Umzug
ist die beste Wohnung.
Nur was depressiv macht,
hilft gegen Melancholie:
Gewohnheiten sind die beste
Eigentumswohnung, sagte Beckett
im Aufsatz über Marcel Proust.
In der Kunst herrscht
der Depressionismus.
Zwischen zwei Tassen Tee
dieses schwarze Loch, in dem
sogar meine Schwerkraft
auf Nimmerwiedersehen versinkt.
Wer den Leser nie zum Schweben bringt,
redet über das Schweben,
und so ist es mit allem.
Der Weltuntergang droht/diesmal
von denen, die ihn kommen sehen,
und die vor ihm warnen,
die drohen mit ihm.
Die Umwelt ist verschmutzt
durch Umweltschützer allein.
Der Friede ist bedroht

durch Friedensbewegte
und die Frau unterdrückt
vom süßen Feminis-Mus.
Das Grundgesetz sitzt fest auf Grund.
Sie wollen es in 'Bewegung' setzen.
Die Arbeiter lassen sich nicht bewegen,
aufzutreten als Unterweltschützer.
Im Augenblick sind sie im Lande
die einzigen Verfassungsschützer
gegen Umweltvorschützer.
Die möchten in Ruhe
Unruhe stiften dürfen
und die Verfassung zu fassen kriegen.
Per Vers drück ich mich aus.
Gott fiel aus allen Wolken, der Himmel
ist dadurch nicht schöner geworden.
Die Bösen bleiben unter uns,
seit es keine Hölle mehr gibt.
Mit 80 tauchst du den Keks in den Tee
auf der Suche nach verlorener Zeit.
Deine Kindheit steigt dir zu Kopf,
wenn auch nicht so gekonnt
wie dem kleinen Marcel.
Im Betrieb ist zu viel zu tun,
zu Hause viel zu wenig.
Dort zu viele Menschen
und hier viel zu wenige.
Dort wird Unfug gemacht,
hier wird Unsinn geredet

Der Androide

Als ich sie an den Mund führte, sah ich über den Rand meiner Kaffeetasse hinweg seinen weder aufdringlichen noch fordernden Blick. Er sah, daß ich ihn mich ansehen gesehen hatte, und setzte sich wie selbstverständlich zu mir, was mich auch nicht befremdete. Sein erster Satz allerdings überraschte mich: »Wollen Sie weg von Ihresgleichen?«

Ich weiß nicht, weshalb ich sofort wußte, daß er nicht den kleinen Umkreis meiner Verwandten und Bekannten meinte.

An ihm war nichts auffällig als seine betonte Unauffälligkeit. Keine Metallstimme und rotheißen Techno-Augen, kein grünes Phosphoreszieren. Ich bat ihn auch nicht, sich durch Zauberkunststücke auszuweisen oder durch ein Raumschiff. Es gab keine Möglichkeit, ich begriff das sofort, herauszufinden, ob ich träumte oder er mir etwas vormachte und einer von uns beiden halluzinierte. Ein Beweis, ob er wirklich ... und er oder ich nicht nur ... ? Es gab keinen.

Niemand von uns beiden behauptete oder bestritt etwas, er war wie ich. Aber eben nur *wie* ich. Was war es dann, das mich sicher sein ließ, er wäre nicht ganz von dieser Welt? Wohl nur dieser Blick. Ein Blick, der mich nicht als diesen und keinen anderen Menschen sah, als dieses besondere Individuum, das ich nun einmal bin. Eher ein Blick, wie soll ich es sagen, von außen. Ein Blick, unter dem das, was mich von anderen Exemplaren meiner Gattung trennte und unterschied, einfach sich ganz verflüchtigte. Übrig blieb ich als beliebiger Vertreter unserer Spezies, ein Erd-

bewohner auf zwei Beinen, ess-, trink-, schlaf-, bei-
schlaf- und unvernunftbegabt.

Das Besondere an mir war plötzlich nicht mehr
mein Eigenname, meine unverwechselbaren Vorlie-
ben und Abneigungen, sondern daß ich vor seinem
Blick nichts Besonderes mehr an mir hatte. Ich war
zusammengeschrumpft zum kleinsten gemeinsamen
Nenner all meiner Artgenossen, zum lebenden statisti-
schen Querschnitt aller Terrarier.

Zum ersten Mal fühlte ich mich im gleichen Boot
mit allen Menschen, die jemals gelebt hatten, über den
gleichen Kamm geschoren, aus dem gleichen Zeug
gemacht wie sie, über alle unbestreitbaren Differenzen
von Herkunft, Stand, Begabungen, Geschlechter, Nationen hinweg.

Ein demütigendes Gefühl der Gleichschal-
tung. In einer schwindelerregenden Vision voll über-
wältigender Evidenz sah ich mich durch sein Auftau-
chen in den selben Eintopf mit allen anderen verrührt
und verkocht. Ich wehrte mich, bestand auf gewissen
Abständen, Privateigentümlichkeiten – vergeblich. Er
saß da und war anders als ich, aber nicht so, wie jeder
von uns anders ist als jeder andere. Er war anders
anders, aber wie? Wir alle kamen darin überein, anders zu sein als er.

Sah ich uns mit seinem Blick oder dem, was ich in
diesen Blick hineinsah, empfand ich diese ... ich will
nicht sagen Solidarität ... eher Komplizenschaft der
Erdenkinder gegenüber diesem Blick auf uns von
außen, auf das allgemeine Menschenwesen in mir. Die
Kluft zwischen uns allen wurde lächerlich vor dieser

185

Kluft zwischen mir und der leidenschaftlichen Leidenschaftslosigkeit dieses Laborblicks.

Alle gleich : jeder anders anders als jeder andere. Das Besondere an mir war plötzlich meine Allgemeingültigkeit und Gleichheit mit allen Menschen. Und das war kein menschliches Gefühl. Was ich mit allen meiner Gattung teilte, vor ihm wurde es etwas Besonderes, Zufälliges, Beliebiges, was ebenso gut auch anders hätte sein können, eins dieser blindblöden Fakten, die an unserer Erdkugel kleben, so verloren im All, wie ich selbst unter meinesgleichen war.

Die Menschheit, deren Atom ich war, verwandelte sich in ein Atom des Universums. Seine Anwesenheit befreite uns nicht aus unserer universellen Verlassenheit, im Gegenteil. Unter diesem Blick als Ganzes begutachtet, machten wir eine lächerliche Figur, fürchte ich.

Ich erkannte, daß wir nackt waren, wie Adam und Eva unter dem Blick Gottvaters. Ich wollte nicht, daß wir Zeugen haben. Ich sah uns alle eins werden vor unserem gemeinsamen Schicksal, der Endgültigkeit unseres Todes, unserer schwitzenden Natürlichkeit, ein Schimmelbelag der Planetenkruste, ich schämte mich für uns. Nicht vor seiner Überlegenheit, die ja gar nicht bezeugt war, sondern vor seinem bloßen Blick, diesem Blick von außen auf *uns,* auf unsere Zwangssolidarität vor ihm, die ich erstickend fand. Ich sagte zu ihm:

>»Nehmen Sie mich mit!«
>»Wohin?«
>»Wohin anders als anderswohin? Wenn es nur nicht diese Welt ist.«

Er lachte mich nicht aus, ich hoffte, er verstünde. Ich bin ein Außenseiter und Einzelgänger, ein Eigenbrötler und Sonderling. Ich kann nicht, weil ich nicht will. Was denn? So sein wie jeder: anders als jeder andere. Ich fühlte mich allein unter den Menschen und ich wollte nicht, daß er mich mit den Menschen allein ließe und mich ihnen wieder auslieferte. Eine Art Panik erfaßte mich, ich fürchtete, er würde verschwinden, bevor er noch begriffen hatte, daß ich zu ihm gehörte, zu seinesgleichen, zu denen, die uns von außen beobachteten, seit Jahrmillionen, uns studierten oder geschaffen hatten, was weiß ich?

Ich fragte ihn nach seinem Raumschiff, ich versprach ihm, alle Geheimnisse unserer Rasse auszuplaudern, ich bot mich an, uns zu verraten, wenn er mich, nur mich ... Durch nichts verriet er Billigung oder Ablehnung meines Vorschlags. *Daß* er nicht von dieser Welt war, *das* aber war von dieser Welt, ich sah und hörte ihn, faßte ihn flehend am Ärmel.

Ich bin kein Okkultist, weder religiös noch abergläubisch, ich glaube weder an Ufos, noch lese ich Science-fiction- Romane. Ich weiß, daß es nichts gibt, was nicht von dieser Welt ist. *Daß* aber nichts von jener Welt ist, *daß* alles von dieser Welt ist, ich weiß nicht recht, *das* aber ist nicht von dieser Welt, scheint mir.

Das war Er, der da vor mir saß und dann aufstand und wegging, ohne sich zu verabschieden und ohne sich vorgestellt zu haben. Ich lief und rief ihm nicht nach. Wir Menschen waren also nicht allein auf der Welt. Na, schön. Aber ich wieder allein unter ihnen und mit ihnen.

Als er sich zu mir setzte, hatte er da den Menschen gesucht oder nur mich, mich oder nur den Menschen überhaupt, diesen Terrarier in mir? Ich hatte ihm nicht verständlich machen können, daß sein Auftritt ... meine Gedanken verwirrten sich. Versuchte er es (aber was?) jetzt mit einem anderen von uns? Hatte es ihn erschreckt, daß ich gleich mit fliegenden Fahnen zu ihm übergelaufen war?

Und wenn er war wie wir? Ich wäre vom Regen in die Traufe gekommen. Überall nur wir. Kein Fleck im All, wohin wir vor uns flüchten könnten, ohne uns dort anzutreffen, Hase und Igel, sind wir denn allgegenwärtig? Doch keine Unikate und einmalige Betriebsunfälle der Evolution?

Ein Tag später hatten mich meine eigenen Probleme dann wieder eingeholt und voll im Griff, meine untreue Frau, ein drogenabhängiger Sohn, die berufliche Tretmühle, der Konkurrenzkampf, mein Schuldenberg. Eine Stunde lang war ich schwach genug gewesen zu glauben, der Fremde würde mir die Sterne vom Himmel holen, von denen er kam, sich mit mir gegen meine kleinen Sorgen verbünden und sie in seinen kosmischen Weiten auflösen. Keiner der bösen Brüder unterm Sternenzelt, sondern eher so etwas wie Mami und Papi, wenigstens *Mapa und Pama*, mächtige Supereltern, unter deren Fittichen ich mich nicht in der bösen kalten Welt allein fühlen wollte. Die mich und meine Brüder und Schwestern in unserem irdischen Versteck finden und in die Arme drücken sollten.

Ich schämte mich dieser kindischen Anwandlung. Ob es einen GOtt dort gab oder Dubletten von mir, was änderte das hier an meinen Schwierigkeiten? Ich

war allein – mit meinesgleichen, allein und all-eins.
Ob Todesstrahlen oder Carepakete aus Ufos, sie konnten mich nicht vor meinesgleichen retten und ablenken.

Er war anders als ich.
Ich war anders als er.
Also, logisch gelogen,
war er anders als er selbst,
also ganz wie ich?

Hic Rhodus, hic salta.
Wo ist Rhodus?

Alles nur Geschmackssache?

„Es ist alles nur Geschmackssache", heißt es.
Aber wer hat schon (kultivierten) Geschmack?
Es ist egal, ob mir Erbsen besser schmecken
oder Bohnen, doch *objektiv* geschmacklos,
mehr Geschmack an Popmusik
als an Kammermusik zu haben.
Jeder Geschmack ist gleichberechtigt,
aber nicht gleichwertig.

Die Zunge ist der Sinn
für aufgenommene Speisen
und für gegebene Worte,
doch warum schmeckt den meisten
das saftige Schnitzel besser
als verfeinerte geistige Nahrung?

"Sapere aude" : Wage es,
Geschmack zu entwickeln!
Den hat niemand von Natur aus.
Dass alles nur Geschmackssache sei,
ist aber nur geschmacklos.
"Sapienti sat".

Geschmack ist eine Sache der Urteilskraft,
urteilte Immanuel Kant,

und Dummheit sei als Mangel an Urteilskraft
ein Gebrechen, dem gar nicht abzuhelfen sei.

Der sinnliche Sinn für Geschmack
hat seinen guten Sinn (und Verstand)
- nicht nur für Schnitzel und Schnapps.

Gut abgeschmeckt
oder nur abgeschmacktes Zeug?

Was mir gefällt,
kann sehr geschmacklos sein.
Sind die Geschmacklosigkeiten nicht
verschiedener als die Geschmäcker?
"Likes" und "Dislikes" sagen gar nichts
über Qualität, und guter Geschmack
war immer ein Privileg
von Minderheiten, doch Kultur
ist nicht kulinarisch. Das
schmeckt nicht jedem.

Bis dir Schnecken schmecken,
ist es ein langer Trimmpfad
vom Ekel zum Genuss.

Schmeckt's?

Pausenclown mit Pausenbrot

Mach mal Pause,
Trink 'ne Brause:
Mach mal Jause!

Tu nix, ruh fix
Vor der Bahre
Für zehn Jahre!
(Bist du 'ne Ware?)

Macht zehn Jahre Pause
In Sause und Brause,
Bleibt einfach zuhause!
(Die besten Handlungen
Sind Buchhandlungen.)

Macht Lenk- statt Denkpause,
Henkpause statt Schenkpause!
Es wird zu viel gehandelt,
Behandelt und verhandelt,
Verbandelt und verschandelt:

Die Welt sieht auch so aus:
Das Werk von aktiven Leuten,
Die handeln und ausbeuten.

Bleibt zu Hause
Macht ewig Pause:

Haut ab
Vorm Grab!
Das beste Tun
Ist festes Ruhn.

Wandelt durch die Welt,
Doch wandelt nicht die Welt!
(Fontane, Theodor : "Tand, Tand
Ist das Gebilde von Menschenhand.")

Auch dieses Gedicht
Vom Bösewicht
Ist ohne Gewicht.

Phantasielose Phantome?

„Die Dichter lügen zu viel." (Platon)

Hans Blumenberg entwarf in Münster eine ganze Philosophie daraus, dass der Mensch seine Kunst und Kultur sich erschaffe, um dem unerträglichen „Absolutismus der Wirklichkeit" zu entfliehen und zu trotzen, und sein Freund Odo Marquardt entwickelte in Gießen eine ganze „Kompensationsphilosophie", welche die mentalen Folgeschäden der profitabel siegreichen Naturwissenschaften durch geisteswissenschaftliche Gegengewichte ausgleichen will. Nichts anderes leistet auch jedes gewöhnlichen Sterblichen Alltagsphantasie, die in Traumwelten ausschweift, wenn die Realität zu drückend eng oder bedrohlich wird. Zuweilen sind Ficts und Fakes eben gewinnender als Fuckten. Manchmal ist ein erfundener großer Bösewicht wie "Fantomas" schöner als ein kleiner realer Gauner.

Phantasie muss aber nicht nur bequemes Wunschdenken sein, sondern kann auch im Dienste der strengen Wissenschaft für gewagt originelle Hypothesen sorgen, die zuweilen die beobachteten Tatsachen besser ordnen und erklären als übliche Interpretationsschablonen. Schon Kant hatte diese Funktion der Einbildungskraft betont, mit der wir uns Gegenstände vorstellen können, die gar nicht leibhaftig gegenwärtig sind. Im „Schematismus der transzendentalen Deduktion", einem Kernstück seiner „Kritik der reinen Vernunft" (1781), erhob er diese Phantasieleistung der Imagination sogar zum Herz jeder "intelligiblen Synthesis des sinnlich Mannigfaltigen". Die Vernunft wird dann zum Zaubertrick, die Einbildungskraft zur Urteilskraft zu zivilisieren und zu objektivieren.

Sartre schrieb mit "L´Imagination" ein brauchbares Freiheitswerk zwischen Kunst und Philosophie.

Phantasie bildet gleichsam den himmlischen Überschuss eines überflüssigen Überflusses in uns. Der Mensch ist, viel mehr als ein „vernunftbegabtes Tier", das einzig bekannte phantasierende Lebewesen. Es setzt Lügen und Fiktionen in die Welt, um der Wahrheit näher zu kommen, d.h. die Wirklichkeit zu distanzieren. Kurz : Der Mensch ist wesentlich viel eher ein Mystiker, der mit geschlossenen Augen eine Vision der Welt hat, als der rationellste Roboter, den er vielleicht erfindet. Man braucht nämlich sehr viel emanzipierte Phantasie, um die Realität auch nur zu erfassen, geschweige denn zu verändern, statt nur die eingeschliffen gewohnte Konvention und Fable convenue zu gewahren, die wir gern und viel zu schnell Realität zu nennen pflegen.

Moderne Fan-"Fantasy" ist nur gerissene und zeitgeisthörige Anpassungspoesie, die nirgendwo das erdrückend Bestehende mal transzendiert, so kreativ sie sich auch gebärdet.

Wird der Konfektionsrealismus zu drückend, entweicht Luftikus Phantasie kurzerhand ins unbelangba-

re Abseits oder gar Jenseits, in zuträglichere Paralleluniversen, Wunschkinder aus der Liebesehe von Herz
und Hirn, Hymen und Hoden. Wenn Weltknecht Verstand und Akrobat Phantasie sinnigst kollaborieren,
kann schöpferische Kunst entstehen, auch in seriöser
Wissenschaft. Aber die artistische Phantasie ist nicht
willkürlich frei, sondern lässt sich treiben von unbe-
wussten Antrieben und gebieterischen Launen wie
"Neigungen".

(Die mythisch phantasiereich ausgestaltete Gottes-
idee z. B. war die wissenschaftliche Urhypothese der
Menschheit, eine konkurrenzfähige und unsterbliche
Welterklärungstheorie bis auf den heutigen Tag.)

„In Fichtes Freiheitsphilosophie findet die deutsche
Frühromantik das Recht, in schöpferischer Subjektivi-
tät Phantasie und Witz spielen zu lassen und den Wi-
derstreit zwischen Endlichem und Unendlichem in
Ironie, Paradoxien und Aphorismen zu spiegeln."
(*Otfried Höffe*: „Kleine Geschichte der Philosophie",
München 2005, S. 236)

Einer helfe dem anderen, nicht nur gegen Mängel
und Feinde, sondern auch gegen Auswüchse der eigenen Phantasie.

Philosophie ist kluge Phantasie:
Nachwissenschaftlichkeit im Sonntagsstaat.

Man phantasiert gern die phantastischste Ordnung
und Unordnung weg.

196

Phantasie erfindet die Vergangenheit,
Verstand erklärt die Zukunft.

Wissen ist Macht. sah Bacon, und pries den Aphorismus, der ohnmächtiges Selbstbewusstsein mit All-
machtsphantasien gekonnt vereint.

Die Phantasie träumt nie im Schlaf.

Realität ist so, dass sie zu Träumen zwingt, doch
Phantasie nicht so, dass sie zum Handeln treibt.

Gott hilft Angsthasen durch Verstecke
und Helden durch Phantasielosigkeit.

Bloße Phantasie ist der einzige Kerker, der größer
ist als der Weltraum, doch schon die kleinste Fliege
und der kleinste Fußtritt führt hinaus.

Wer kann der Realität noch entfliehen,
seit sie jede Phantasie übertrifft?

Phantasielosen dünkt Vernunft
etwas Phantastisches.

Weltbilder sind oft zu unrealistisch,
weil sie nicht phantastisch genug sind.

Kunst ersetzt Erfolg durch Qualität,
Literatur den Film durch Phantasie.

Alle Macht den Rufern
„Die Phantasie an die Macht!" ?

Für Phantasie bin ich nicht Realist genug,
für Realismus habe ich nicht genug Phantasie.

Wessen Phantasie reicht aus,
sich in phantasielose Menschen hineinzuversetzen?

Der Mensch hat wenigstens Phantasie genug,
sich phantasiebegabte Wesen auszudenken.

Beter lernt Not. Gott ist zu realistisch,
um nicht erfunden zu sein, und zu phantastisch,
um nicht zu existieren.

Mancher Eifersüchtige will nur
für seine blühende Phantasie bewundert werden.

Erinnerung ist vergessene Einbildung,
Phantasie ist vergessenes Gedächtnis.

Expressionismus als verlorenes Expressgut?

Der antibürgerliche Im- und Expressionismus ist tot, der bürgerliche Im- und Export floriert. Der künstlerische Aufstand um 1910-1920 gerierte sich als ödipaler Aufschrei von Bürgerkindern gegen ihre Bürgerväter, der im Geschrei der heutigen Massenmedien erstickte. Die sozialkritisch aufsässigen Rebellen haben längst die vorgewärmten Posten ihrer Eltern übernommen. Der expressionistische Vatermord hat sein Ziel erreicht in den homosexualisierten Spaßgesellschaften ein Jahrhundert später. Edvard Munchs geller Schrei aus grellen Farben verstummte im Gekreisch flackernder Popsongs.

Zwischen Naturalismus und Neuer Sachlichkeit verarbeitete der ekstatische Expressionist seine Emotionen zu kreativer Resignation. Die "Menschheitsdämmerung" von Pinthus versammelte die Poeten dieses neuen „Sturm und Drang". Expressionistische Musik der Zweiten Wiener Schule will so wenig beschrieben werden wie expressionistische Malerei des "Blauen Reiters" : Wir werden als Literaten uns auf Literatur beschränken.

Laut Symbolphilosoph Ernst Cassirer befreit ein symbolischer Ausdruck vom bedrückenden Druck des Eindrucks. Der Expressionist begnügt sich nicht mit naturgetreuem Foto-Realismus der Oberflächen oder dem pointillistischen Geflirre beeindruckender Lichtreize, sondern explodiert vor Ekel, Angst und Wut im hässlichen Angesicht der modernen Großstadt und ihrer kapitalen Profithektik. Der Fleiß stampfender Industriemaschinen brachte Arbeitslosenheere statt eine Traumwelt ohne Schufterei. Kurze Zeit versprach der Erste Weltkrieg Ausbruch aus pfahlbürgerlichem Arbeitsfrieden und ewigem Fortschrittsglauben, bis Georg Trakl im drogenzugedröhnten Grauen der Materialschlacht von „Grodek" unterging, von G. Heyms Gedicht „Der Krieg" formvollendet vorausgeahnt.

Die romantische Wahrheit des Expressionismus wurde der Surrealismus und Dadaismus, der nicht mehr an Realität, Humanismus und Vernunft glaubte. Jüdische Ratio endete in industrieller Rationalisierung und Phantasie in Fantasy-Comics. Die romantische Ironie von Novalis bis Thomas Mann landete im Schwachsinn der angedrehten Spaßgesellschaft und ihrem modischen Getue voll exzentrischem Narzissmus, wie mein Bekannter M. zu klagen pflegt. Die angepriesensten Lebenserleichterungen werden von ihrem humanen Wucherpreis aufgefressen. Laut Walter Benjamin ist der naturwissenschaftlich-technisch-industrielle Fortschritt genau jene Katastrophe selbst, die er verhindern will, und seine Umbrüche lassen sich sozial längst nicht mehr friedlich integrieren. Für Hegel war schon vor 200 Jahren die Kunst seit der Romantik nicht mehr die höchste Form der Wahrheit. Heute ist sie nur noch Kunstgewerbe der Kulturindustrien und webt am ideologischen Gesellschaftsschleier mit. Heutzutage nimmt bei Becketts Landstreicherclowns das expressionistisch prophezeite "Weltende" (Jakob von Hoddis) kein Ende mehr.

200

Postmoderne Kunst posiert inzwischen den Ausdruck der Ausdruckslosigkeit und lässt sich durch
nichts mehr ausdrücklich beeindrucken. Einst wollte
Kunst Anwalt der Natur gegen die Zivilisationsschä-
den sein. Seit uns Maschinenwelten aber zur zweiten
Natur wurden, rettet Umweltschutz nicht mehr das
Blümchen am Straßenrand, sondern bereitet nur die
nächste technologische Wende in ökologistischer Ide-
ologie vor, „sanftere Industrie 3.0", in Stichworten
von Digitalisierung und Künstlicher Intelligenz. Der
expressionistische Schreihals war der bukolische Idylliker vor einem Jahrhundert. Der Weltuntergang pros-
periert, der Hochindustrialismus triumphiert nur als
Dauerkrise, und ohne diese kapitalistische Krisen-
permanenz ginge die Welt wirklich unter.

Der wahre Expressionist aber war weder der Fet-
zen dichtende August Stramm oder der klinisch kalte
Nihilist Gottfried Benn mit seiner „Morgue-Lyrik",
sondern ein Franz Kafka, der nur ausdruckslos schrie
und zwischen Expressionist und Surrealist fürchter-
lichste Dinge wie ruhige Selbstverständlichkeiten
sagte. Max Brod missachtete seine testamentarische
Nachlassvernichtung und lieferte seinen engen Freund
dadurch erst all den Missverständnissen aus, die er
gerade verhüten wollte. „Das Rätsel Kafka", zu Lebzeiten unterschätzt und heute weltweit überschätzt als
ein düsterer Existenzialist avant la lettre, wurde von
unzähligen Interpretationen seither eher zugeschüttet.
(Stichworte : Sinnlosigkeit, Entfremdung, Undurch-
sichtigkeit, Orientierungslosigkeit, Bürokratismus,
Anonymität, Absurdität des Daseins , Vorwegnahme

der KZ-Gräuel etc.) Wird bei ihm der lautstarke Expressionismus als ein eiliges Expressgut zum defätistischen, sogar sadomasochistischen Depressionismus eines Schuldneurotikers?

Ich habe Kafka immer für vielleicht schizophren gehalten. Aber der Expressionismus hat den zwangsjackenfreien Wahnsinn ja angehimmelt.

„Man darf die Welt nicht um ihren Sieg bringen." („Zürauer Aphorismen", 1917, aus der „glücklichsten Zeit" seines Lebens bei Schwester Ottla). Dieser privat angepasste und gut integrierte Jurist glaubte, sich weder vorm Jüngsten Gericht noch vor der Gesellschaft rechtfertigen zu können. Kafka gab der Welt schockierend vorbehaltlos Recht, wo sie ihn zum Tode verurteilte – als unnütze „Zwirnspule Odradek" oder Mistkäfer Gregor Samsa. Er vollstreckte selbst das Urteil der „verwalteten Welt" (Horkheimer) über ihn, ohne zu klagen oder anzuklagen oder gar Einspruch zu erheben und zu rebellieren. Ihm genügte das Glück, das zu erkennen und nächtens aufzuschreiben, ohne es Lesern zu überliefern, und siehe, es wirkt bis heute verstörender als alle pathetischen Kollektivaufschreie „Oh Mensch!" in Waldens Zeitschrift „Sturm" oder Pfemferts „Aktion".

(Wollte er wie der kongeniale Autor Robert Walser durch Selbstverkleinerung den Fangnetzen der Menschenfischer entgehen?)

Der heutige Expressionist nimmt nur noch seinen Espresso beim Italiener.

SPINO ohne Spinozismus

Die Unternehmerpartei CDU trägt den frommen
Christen so wenig berechtigt im Namen wie die Ar-
beitnehmerpartei SPD den klassenkämpferischen So-
zialanwalt. Dass das Godesberger Programm der So-
zialdemokratie sich vom bolschewistisch fallierten
Marxismus abgesetzt hatte, mochte noch angehen,
aber seit Bundeskanzler Schröder, der selbst aus der
Unterschicht stammt, mit der Agenda 2010 sich nur
noch den Kopf der Arbeitgeber zerbrach, liefen seiner
Partei die Armen und Schwachen des Landes in Scha-
ren davon – bis heute.

Das Schlimmste aber bleibt wohl, dass die Partei
das bis zum heutigen Tag nicht zu bemerken und zu
verstehen scheint. Sie doktert und flickwerkt nun an
Symptomen herum und macht damit alles noch un-
heilbarer, statt sich endlich wieder auf die Interessen
ihrer proletarischen Stammklientel zu besinnen, für
die sie gegründet wurde. Sie rennt kopflos den kon-
kurrenzfähigen Mittelständlern hinterher, statt endlich
die „Enteigner zu enteignen" (Marx). Sie will nichts
mehr davon wissen, dass diese Mittelschicht nichts ist
als die Sklavenpeitsche der kapital(bewehrt)en Oberschicht und für diese Dienste belohnt wird mit dem
Privileg, sich selber einige Sklaven ungestraft halten
zu dürfen. Wer all das unter dem ideologischen
Schleier von „arbeitsfriedlicher Sozialpartnerschaft"
versteckt, hat nichts von der Industriegesellschaft

begriffen., die immer noch eine Illustration zum berühmten Herr-und-Knecht-Kapitel von Hegels früher „Phänomenologie des Geistes" (1807) darstellt.

Der Wesenskern jeder Gesellschaft ist seit zehn hochkulturellen Jahrtausenden das Verhältnis von Arm und Reich, von Macht und Ohnmacht. Davon lässt sich heutzutage trefflich ablenken mit Frauenbewegungen, Friedensbewegungen, Forst- und Vaterlandsbewegungen und anderen Nebenschauplätzen. Sozialistischer Antikapitalismus wäre nur die Katastrophe, für deren Verhütung er sich gern halten lässt, denn eher hat jeder Sozialismus den vollentwickelten Kapitalismus noch vor sich als laut Marx schon hinter sich. Und der linke Sozialismus beging im 20. Jahrhundert – abgesehen von der Shoa – haargenau die gleichen Verbrechen wie der rechte Sozialismus.

Niemand aber sollte über Kapitalismus reden dürfen, der nicht über den Industrialismus selber reden will – ob nun in kapitalistisch profitabler oder sozialistisch unrentabler Form. Seit einem Vierteljahrtausend verspricht das naturwissenschaftlich-technisch-industrielle Zeitalter die maschinellen Segnungen eines unerschöpflichen Füllhorns, das sich jedoch langsam als bloße Büchse der Pandora entpuppt, welche die grüne Natur ebenso bedroht wie die menschliche Natur ihrer Bearbeiter. Die Industriegesellschaft als solche war von Anfang an ein einziger Irrweg, und es wird Zeit, sie wenigstens erst einmal geistig zu überwinden, sich also von ihr nicht mehr die potentiellen Lösungen aller menschlichen Probleme zu erhoffen. Es sollte ein passageres Intermezzo der Geschichte werden, damit eine POSTindustrielle Gesellschaft vorbereitet werden kann, die keinen Rückfall in vorindustriellen Agrarfeudalismus bedeuten dürfte, denn der Fortschritt ist laut Walter Benjamin genau jene Katastrophe selbst, die er gerade verhindern will. Leider hat kein Intellektueller bisher eine Idee von einem solchen Nachindustrialismus, der nicht wieder eine bloß fortgeschrittene Dienstleistungsgesellschaft wäre.

(Es wäre sinnvoll, dazu auf das alttestamentarische „Erlassjahr" (Jubeljahr) zurückzugehen, denn Gott hat - sogar in der Wirtschaftstheorie - immer noch die besseren Ideen als seine Geschöpfe: Mindestens einmal in jeder Generation sollten Herr und Knecht ihre Rollen tauschen müssen und alle Schuld(en) erlassen werden, denn dem Schöpfer gehört die Erde, und wir sind laut biblischer Theorie nur seine wechselnden Pächter mit Nutzungsrechten.)

„Entweder Fortschritt oder Gott ist nur Hokuspokus", schrieb zurecht ein hebräischer Schriftgelehrter.)

1769 erfand der Brite James Watt die Dampfmaschine, und nicht zufällig genau zwanzig Jahre später brach die Französische Revolution aus : Nur das Bürgertum setzte auf die neue Produktivkraft und die Fabrikproleten, die der Landadel mit seinen Bauern verschlafen hatte. Der Handelsmann beutete den Blaumann fortan so aus, wie der Landmann vom Edelmann ausgebeutet worden war, und der staatsbürgerliche Citoyen degenerierte bald zum Pfeffersack-Bourgeois.

Alle Kriege und Revolutionen der Weltgeschichte sind letztlich nur Folgen von technologischen Umbrüchen, wie gesagt wurde, und nicht von peripheren und ephemeren Ursachen, welche die Historiker uns gemeinhin weismachen. Dem ganzen Ökologismus der giftgrünen Umweltser von heute z. B. geht es weniger um das bedrohte Blümchen am Straßenrand als vielmehr um die ideologische Vorbereitung der nächsten elektronischen Weltrevolution, für die alle geistig und seelisch rechtzeitig weichgeklopft werden sollen. Stichworte : Digitalisierung und Künstliche Intelligenz, die ins Haus stehen, werden Kriege und Sozialrevolutionen entfachen, da keine Gesellschaft seit zehn sesshaften Jahrtausenden bisher mit technologischen Revolutionen arbeitsfriedlich fertig wurde.

Die Jahrhunderttausende eines steinzeitzeitlichen Nomadentums kamen mit unkriegerischen Scharmützeln und flachen Machthierarchien von umherziehenden Familiensippen aus. Sie waren Gottes Urprojekt noch vor der Vertreibung aus dem biblischen Nomadenparadies der Schöpfung ohne menschliche Konkurrenzschöpfungen (welche mit naturgesetzlicher Notwendigkeit eines Tages an ihren unüberwindlichen inneren Widersprüchen wie apokalyptisch prophezeit kollabieren werde, bestenfalls ohne Krachen und "mit einem leisen Winseln").

Das alles würde ich einer modernen *SPD In Name Only* gern zu bedenken geben.

Alkoholidays

Kerle saufen Bier und Schnaps,
um nicht als Schlappschwänze zu gelten.
Damen nippen an Wein und Likör,
um nicht als Dirnen zu gelten.

Männer nutzen Alkoholidays, um ihre Kamerad-
schaft zu pflegen, Frauen fürchten, dass ihre trunk-
süchtigen Gatten außerstande sind, für die Familien zu
sorgen.
Oder gibt es heute viele Ehen zwischen Trunken-
bolden und Schnapsdrosseln?

Wenn ein Mann eine Frau so behandeln würde, wie
er seine Kumpels behandelt, würde sie ihn auf der
Stelle hinauswerfen. Das Einzige, was Frauen niemals
kapieren, ist die Art, wie angeheiterte Männer miteinander umgehen, schrieb Chesterton. Nicht das Einzige, was Männer nie kapieren, ist die Art, wie nüchter-
ne Frauen stundenlang miteinander reden. Frauen
gelten im Schnitt als reizbarer und wortgewandter,
Männer als ruhiger und vergnügungssüchtiger, mit
oder auch ohne Stoff und Sprit. Weltweit wird täglich
viel Ethylalkohol (Ethanol) konsumiert – außer in
muslimischen Ländern. Neben Tabak gilt er als
Volksdroge Nummer Eins, um sich die Last des Lebens zu erleichtern, zuweilen oder immerzu.

Alle Versuche, den Menschen alle Drogen zu verbieten, sind bisher aus guten Gründen gründlich gescheitert, denn alles kann zur suchtbringenden Droge werden, auch und gerade seine radikalisierte Verfolgung. Wie der moderne Gesundheitswahn längst zur veritablen Geisteskrankheit wird, so auch z. B. Prohibition und Veganismus, Prostitutionsverbot oder Atheismus.

Die wahre Alternative ist nicht bedingungslose Abstinenz oder anonymer Alkoholismus, sturzbesoffen oder stocktrocken, sondern richtiges oder falsches Trinken, aber die Vernunft liegt nicht wie bei den Tugenden in der vermeintlich goldenen Mitte zwischen den Extremen, wie Aristoteles lehrte. Wer die Welt nur noch ertragen und die Menschen nur noch genießen kann mit einem beduselten und befuselten Kopf, hat es offenkundig ebenso übertrieben wie jemand, der nach einem einzigen Bierchen schon Busen grabscht.

Verboten wurde der Alkohol vor allem immer dem gemeinen Volk, damit seine Arbeitsfähigkeit für die Herrschaften nicht zu lange leidet. Aus Angst um die heilige Produktivität neidet man dem gewöhnlichen Sterblichen sogar noch den armseligsten Rausch und prügelt den Verkaterten lieber an die Werkbank. (Die außergewöhnlichen Sterblichen, wenn sie unter sich sind, behalten sich den Genuss von extraordinärerer Edel-Chemie vor.)

Der Pater-Brown-Erfinder *Gilbert Keith Chesterton* schrieb 1914 als Vierzigjähriger den ebenso ernsthaften wie übermütigen Roman „Flying Inn" („Das fliegende Wirtshaus"), wo der gesunde Menschenverstand einiger weniger Männer Großbritannien vor der Dystopie eines landesweiten Pub-Verbots noch gerade bewahren kann. Die weiblichen Leser, ob sie nun stille Säuferinnen sind oder glühende Milchfanatikerinnen, sind aufgefordert, sich ihr Urteil zu bilden und zu verkünden. Ohne ihr Plazet oder Veto läuft stets gar nichts.

Chestertons dezidierte Meinung zu diesem Thema machen wir uns hier gern zu eigen. Richtiges Trinken ist nicht einfach regelmäßig mäßiges, also mittelmäßiges Entdursten, sondern liegt allein im Motiv. Man sollte nämlich nicht trinken, um fröhlich zu werden, sondern nur trinken, wenn man schon fröhlich ist. Alkohol in jeder Dosierung wird zum Gift, wenn er zum verabreichten Medikament wird, um den Trübsinn zu vertreiben. Wein hilft nicht gegens Weinen, sondern Lachen verhilft zum Wein. Alkohol sollte nicht missbraucht werden zum Antidepressivum, sondern umgekehrt begrüßt sein von überschäumender Lebensfreude, die es heutzutage aber eben nicht mehr gibt.

Im „finstersten Mittelalter" schlugen die Wogen der Lebenslust laut Katholik Chesterton so hoch, dass sie besänftigt und gezügelt werden musste, um nicht selbstmörderisch zu wirken, z. B. von der barmherzigen Kirche. Heutzutage sei die allgemeine Lebensfreude auf einem so niedrigen Stand herabgesunken, dass sie von allen Massenmedien uns unablässig aufgeschwatzt und eingepeitscht werden müsse, damit wir nicht in Lebensüberdruss versinken. Das ist das ganze Ergebnis der vielgerühmten Aufklärung des 18. Jahrhunderts und der gepriesene heidnische Hedonismus unserer von aller bevormundenden Religion emanzipierten Zeitgenossen, ob nun Männlein oder Weiblein. Brot und Wein sind nicht umsonst christliche Symbole, und Jesus versorgte eine Hochzeitsgesellschaft neben Spirituellem auch mit genügend Spirituosen, ohne sie besinnungslos unter den Tisch trinken zu wollen.

Wahre Demokratie herrscht nur noch in Kneipen, wo hemdsärmelige Männer bei Bier und "Kurzen" sich wilde Diskussionen liefern, kampflustig palavern, lautstark tanzen oder mit der göttlichen Rebe im Kopf handgreiflich rangeln, um ihre Meinungsverschiedenheiten auszutragen und die politische Willensbildung voranzutreiben. Die Gastwirtschaft an der Straßenecke ist das wahre republikanische Parlament des „Pöbels", und das ist gut so. Nur hier herrscht noch die allgemeine Freiheit des öffentlichen Worts, die in den offiziösen (und von Reichen beherrschten) Medien längst verspielt wird. Und der Alkohol, wenn er nicht der giftige Trost des Einsamen ist, spielt dort unter den erwachsenen Männern eine segensreiche Rolle.

Weiterführendes vom Autor

„Neuer Cherubinischer Wandersmann – *Laienbrevier voll himmlischer Spruchweisheiten*"

„Wenn die Seele auf den Geist geht – *Zur Tiefenpsychologie der Philosophiegeschichte*"

„Die Liebhaber der Sophie – *Europäische Philosophiegeschichte einmal ganz anders*"

„Mit einem Satz ins Freie – *Reflexionen, Urteile und Sentenzen*"

„Eine Ameise mit Bienenfleiß hat eine Meise – *Ausgewählt dumme Sprüche*"

„Glückliche Idyllen kontemplativen Lebens im Elfenbeinturm – *Hieronymus im Gehäus*"

„*Gedankenlesen* – Hirnforschung ohne Computertomographen"

„Herren tut es leic, Knechten tut es weh – Die Unterschicht in Klassengesellschaften"